CHONGHUA PALACE

重華宫

成都博物馆　故宫博物院◎编

巴蜀书社

图书在版编目（CIP）数据

重华宫 / 成都博物馆，故宫博物院编. -- 成都 : 巴蜀书社, 2019.12

ISBN 978-7-5531-1244-2

Ⅰ. ①重… Ⅱ. ①成… ②故… Ⅲ. ①故宫－宫殿－北京－图录 Ⅳ. ①K928.74-64

中国版本图书馆CIP数据核字(2019)第268759号

CHONGHUAGONG

重华宫

成都博物馆　故宫博物院◎编

策划统筹　周　颖
责任编辑　吴焕姣
出　　版　巴蜀书社
　　　　　成都市槐树街2号　邮编：610031
　　　　　总编室电话：（028）86259397
网　　址　www.bsbook.com
发　　行　巴蜀书社
　　　　　发行科电话：（028）86259422　86259423
经　　销　新华书店
印　　刷　成都市金雅迪彩色印刷有限公司
排　　版　四川胜翔数码印务设计有限公司
版　　次　2019年12月第1版
印　　次　2019年12月第1次印刷
成品尺寸　210mm × 285mm
印　　张　14.5
字　　数　300千
书　　号　ISBN 978-7-5531-1244-2
定　　价　468.00元

《重华宫》图录编辑工作组

主　　编： 李明斌

编　　委： 蒋阵奇　闫　琰　李景意　周　磊　黄晓枫　范　犁

执行主编： 杜　康

展品说明供稿： （按首字母排序）

曹连明　付　蔷　冯小夏　关雪玲　恽丽梅　高晓然

黄　剑　黄　英　黄爱民　蒋　艺　景　闻　刘晶莹

刘　岳　刘思桐　刘国梁　李　湜　梁　科　仇泰格

阮卫萍　孙召华　王　翯　许　静　邢　娜　杨立为

徐　琳　谢　丽　杨国彭　郑　宏　赵桂玲　周耀卿

展梦夏　章　新

内容撰写： 杜　康　王苒滢

形式设计： 戴媛媛　梁婧璆

英文审校： 王　立　杜　康

序一

2016年，故宫博物院与成都博物馆合作推出“盛世天子：清高宗乾隆皇帝特展”，吸引了63万人次参观，在成都激起“清宫文化热”。2019年金秋十月，故宫博物院再次携手成都博物馆，举办“走进重华宫”特展。不同于上一个以人物串联展览的思路，“走进重华宫”是以宫殿的建筑格局为线索，引导观众去探索和发现这一不为外界熟知的皇宫内院。

本展精选故宫博物院旧藏清代文物精品88件/套共100件，从序厅至“崇敬殿”“重华宫”“翠云馆”及“漱芳斋”，共分为五个单元，展示了乾隆皇帝登极后的至尊皇权，居藩时的伉俪情深，君臣间文学酬唱与艺术鉴赏的闲情逸意，乃至尊亲颐养、演剧娱乐等内容。

重华宫位于紫禁城西六宫以北，御花园以西，为乾隆皇帝的藩居潜邸。“重华”之名，源自《尚书·虞书·舜典》：“若稽古帝舜，曰重华，协于帝，濬哲文明，温恭允塞，玄德升闻，乃命以位”，取义“此舜能继尧，重其文德之光华”。乾隆皇帝以此命名其潜邸，意在希冀自己也要像舜一样，继承其父祖康熙、雍正二帝的功德，建立累世升平。重华宫建筑严整有序，自成一体，室内陈设精雅别致，布局分割巧妙，功能完善，曾是乾隆皇帝新年宴赉群臣、元旦受贺、茶宴赋诗联句、赐宴蒙古回部以及观戏娱乐等活动的重要场所。由于重华宫并未对外向观众开放，故长期以来外界对这一区域知之甚少。人们只能从影视作品中猜测它的庐山真面目。2018年，重华宫区域迎来大修。为对古建筑进行研究性的保护与修缮，该区域内的可移动文物被全面撤移。故宫博物院利用这一机会，将撤移的文物进行整合与设计，以展览的形式将重华宫介绍给世人。

重华宫这一原状式展览是故宫博物院推出的全球巡展项目，此次在成都博物馆的展出是其与国内观众的首次见面。展览不仅表现了乾隆皇帝个人的审美理想和生活趣味，亦浓缩了清代宫廷建筑装饰的特色和内涵，更是这一历史时期的文化缩影。愿以此展为契机，用中国古代文化之菁华，飨馈蓉城观众及五湖四海之宾朋。

故宫博物院副院长

任万平

序二

自1925年故宫博物院成立以来，紫禁城中对公众开放的面积不断扩大，但还有一些区域仍无法目睹其真容。重华宫建筑群便是紫禁城中这样一片神秘待探之地。作为中国最具影响力的博物馆和最大的古代文化艺术宝库，故宫博物院拥有180多万件藏品，在世界文明史上占有重要地位。为传承和发展中华优秀传统文化，让这座宫殿为广大观众知晓，成都博物馆特邀故宫博物院联合举办“走进重华宫”特展。

该展是故宫博物院近年来推出的全球巡展项目之一，成都是其在中国境内的第一站。本次特展以重华宫建筑群的空间格局为基础，以其使用功能为线索，先后展现出崇敬殿、重华宫、翠云馆和漱芳斋这四个建筑院落的具体风貌。重华宫是乾隆皇帝“少而居之，长而习之，四十余年之政皆由是而出之”的地方，对其一生乃至18世纪的中国都产生了重要影响，是清代宫廷文化的典型代表。

本次特展遴选出故宫博物院中与重华宫及其人物活动相关的藏品88件/套，图片200余帧，展示重华宫建筑群的宫殿外景、室内陈设、乾隆皇帝及其各种人物关系，以及茶宴联句、观戏听曲等宫廷文化活动，力求使观众身处成都亦能感知到其深厚而丰富的历史原貌。展览不但呈现出精美的皇家艺术珍品，其中蕴含的“故剑情深”“乐取于人以为善”等思想还有重要的精神文明价值。

2016年秋，由成都博物馆和故宫博物院共同举办的“盛世天子：清高宗乾隆皇帝特展”成功展出，获得广泛好评。三年后的秋天，双方再次合作，共同推出本次特展。我衷心希望两馆（院）之间的合作不断加强，让紫禁城的深厚文化底蕴走进成都，提升天府文化的凝聚力和创造力，开阔文化视野，增强文化自信，共同为促进中华优秀传统文化的保护和弘扬作出努力！

成都博物馆馆长

目录

CONTENTS

第四章　翠云馆

第五章　漱芳斋

结　语

绪言 | Prologue

庄严宏伟的紫禁城是中华文明建筑精粹的集大成者，更是数百年中国历史的见证。这里曾有四方来贺的盛世荣光，也有指点江山的雄韬伟略，还有情真意切的天性伦常。曾经鲜活的人，曾经发生的事，虽在尘世中烟消云散，但又一幕幕连缀起来，藏于一座座宫殿之中。

斗转星移，旧貌新颜。自1925年故宫博物院成立以来，昔日的紫禁城早已敞开大门。广大游客能够亲临金碧辉煌的宫殿建筑，寻常百姓可以购藏皇家风韵的艺术珍品。但时至今日，紫禁城内仍有一处处院门紧锁的高墙深宫，静待岁月流转，珍藏着属于自己的过去。清代皇家宫殿建筑群——重华宫，便是其中之一。

为向国内观众首次呈现这片紫禁城中从未开放的神秘之地，本次特展遴选故宫博物院藏品88件（套），以建筑群的格局为基础，以各宫殿的使用为线索，展示清宫皇室生活和优秀传统文化，使人们身处千里之外亦能感知到重华宫深厚而丰富的历史原貌。

The majestic Forbidden City is a collection of the architectural essence of Chinese civilization, and a testimony to hundreds of years of Chinese history. There have been four sides to congratulate the glory of the prosperous times, but also give guidance to the great military strategy, and genuine nature of ethics. Once living people, once happened, although in the end of the earth, but also a series of scenes up, hidden in a palace.

The old looks new.Since the Palace Museum was founded in 1925, the former Forbidden City has opened its doors.The vast number of tourists can visit the magnificent palace buildings, ordinary people can buy royal art treasures.Today, however, the Forbidden City still has a series of high walled palaces with locked doors, waiting for the passage of time to cherish its own past.Chonghua palace, a complex of royal palaces in the qing dynasty, is one of them.

As to a domestic audience for the first time to present this land of the magic never open in the Forbidden City, the exhibition selected the national Palace Museum collection of 88 pieces (sets), based on the complex pattern, with the use of the palace as the clue, qing dynasty palace royal life and excellent traditional culture, make people in thousands of miles away can perceive China palace deep and rich historic character.

第一章

紫禁城中的重华宫

The Chonghua Palace in the Forbidden City

鸟瞰紫禁城

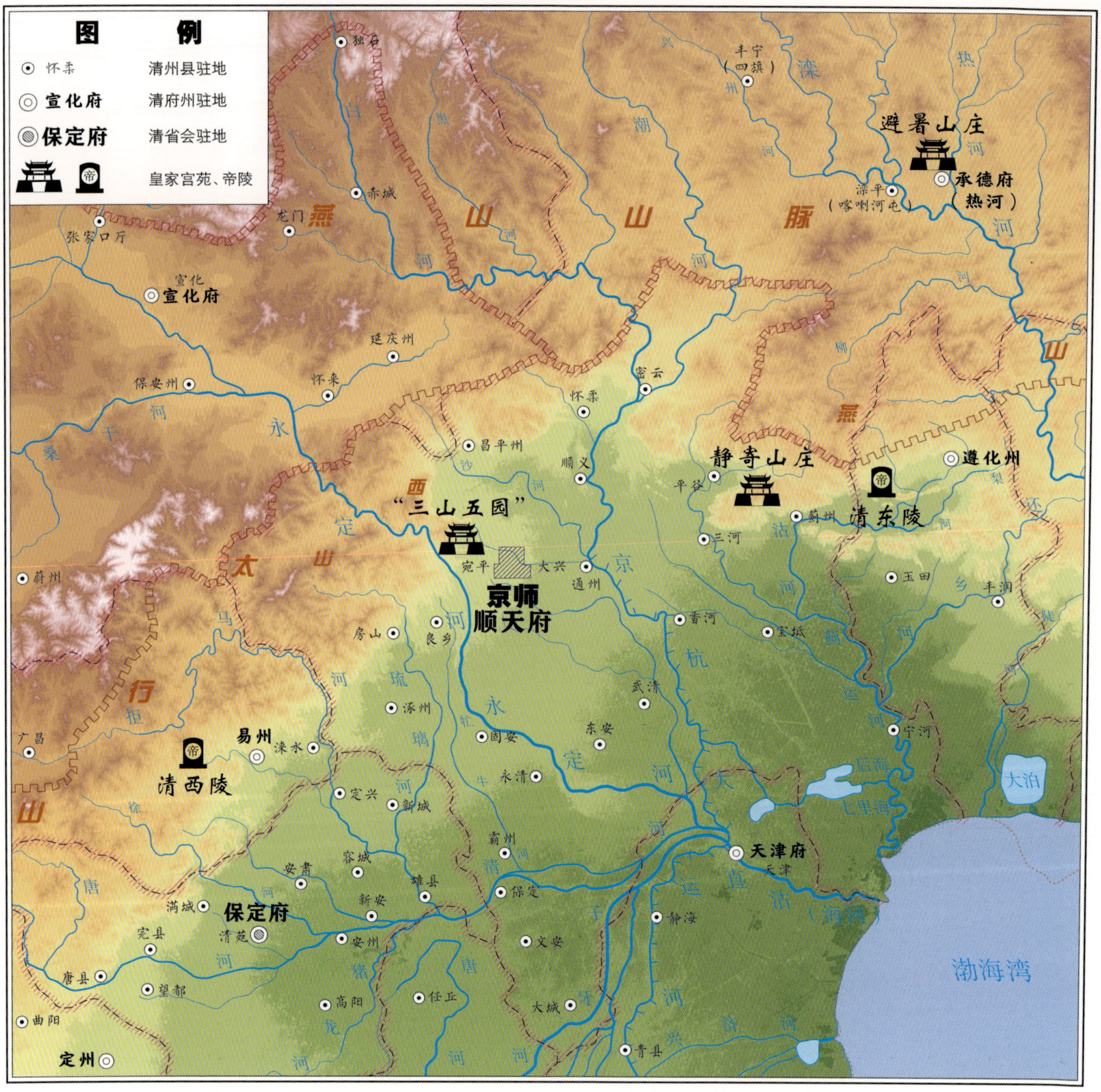

清京师附近地图

清朝为中国历史上最后一个帝制王朝，是疆域辽阔的大一统多民族国家。京师（今北京）左环渤海，右拥太行，除有宏伟壮丽的宫城建筑外，亦注重园林营建。其周围分布着众多皇家宫苑，尤以承德的避暑山庄、蓟州的静寄山庄和京师西北郊外的“三山五园”（香山静宜园、玉泉山静明园、万寿山清漪园、畅春园、圆明园）最为著名。

香山静宜园

避暑山庄

静寄山庄

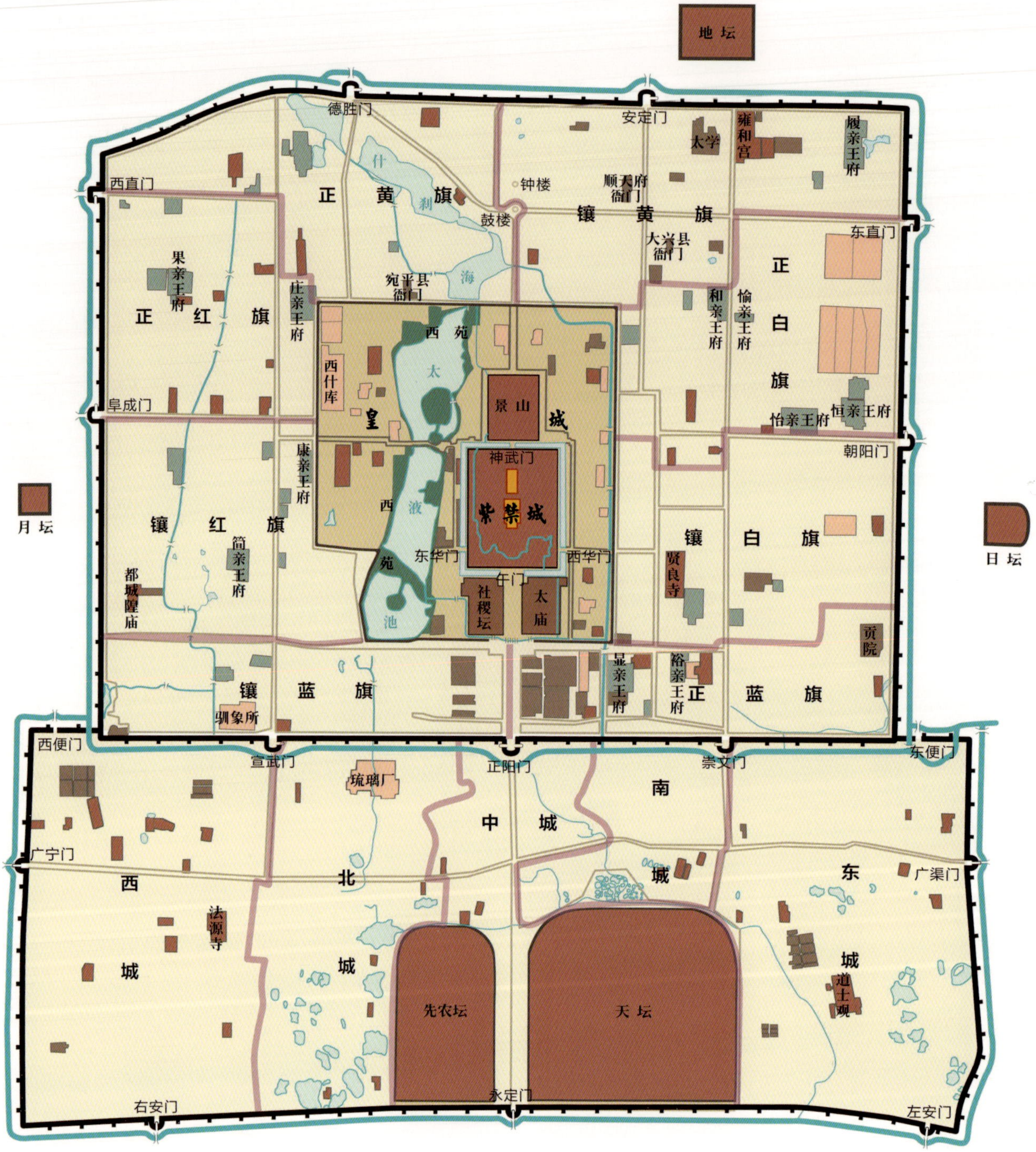

清京师地图

京师始建于明永乐年间，从内至外分别为宫城（紫禁城）、皇城、京城（内城），明嘉靖时在南侧增筑外郭（外城），最终形成四重城垣，平面呈“凸”字形。清朝承袭明京师基本格局，并进行修缮、重建和更名。特别是乾隆皇帝对宫城的改造尤为突出，通过宫殿建筑来强调自己的内心追求与理想宏愿。

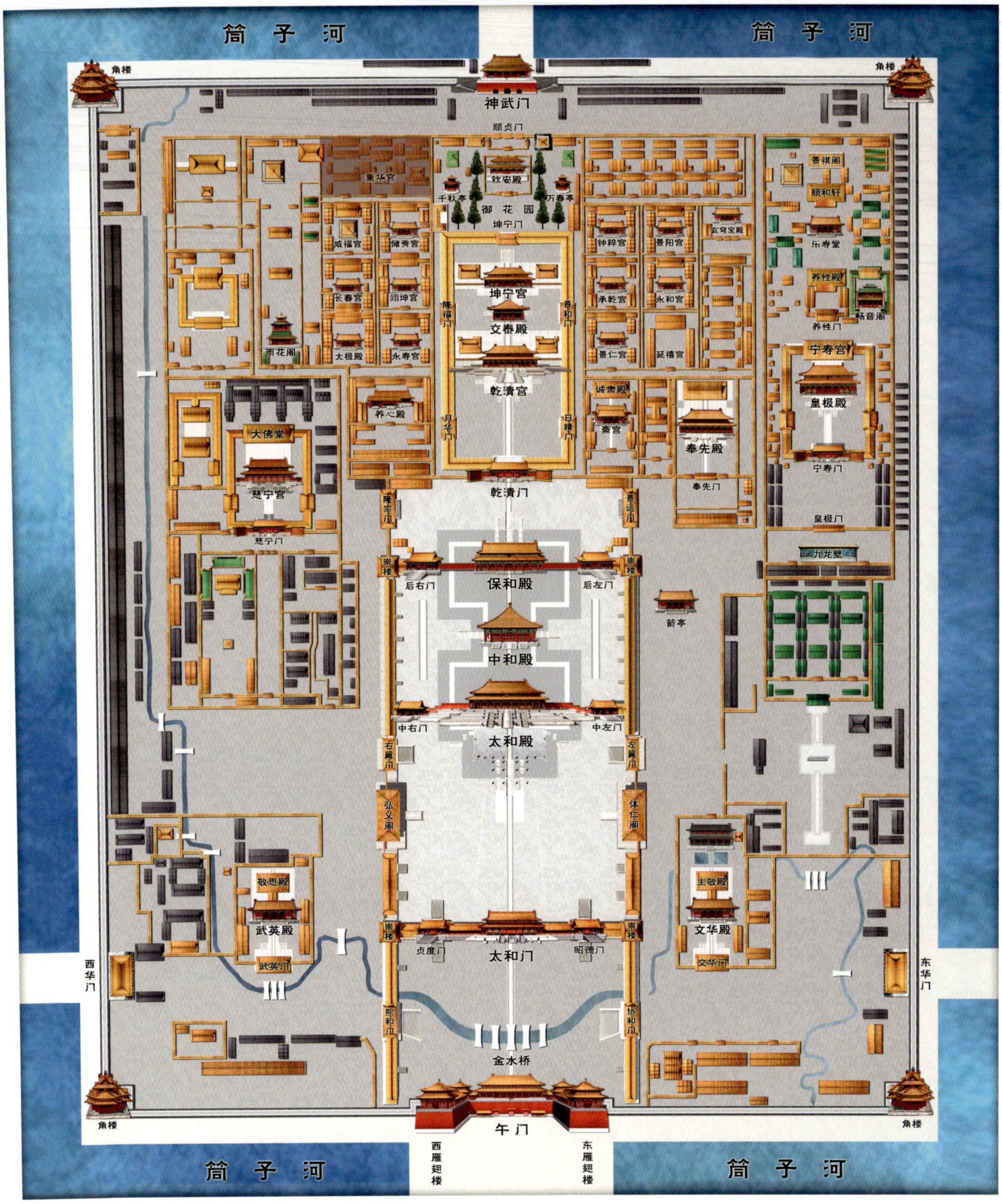

紫禁城平面图

紫禁城（今故宫博物院）位于京师中轴线上，平面呈长方形，占地面积72万平方米。城墙开四门，南为午门，北为神武门，东为东华门，西为西华门，墙外有护城河环绕。按《周礼》之制，建筑分前朝、后廷两部分。前朝是举行盛大典礼及部分办事机构的场所；后廷是皇帝处理政务及帝后、妃嫔、皇子、皇孙的生活之地。

重华宫的位置和格局

乾清、坤宁二宫居后廷之中，其左、右分别为东、西六宫。宫后东、西依次各列五所，即乾东、西五所。重华宫原为乾西五所之二所。雍正五年（1727年），皇四子弘历新婚后居住于此，十三年（1735年）登基为乾隆皇帝，开始对潜邸升格改造，赐名重华宫，乾隆八年（1743年）装修完成。重华宫院落南侧正中为重华门，前殿为崇敬殿，正殿为重华宫，后殿为翠云馆。同时又将乾西五所之头所改建为漱芳斋，三所改为重华宫厨房。

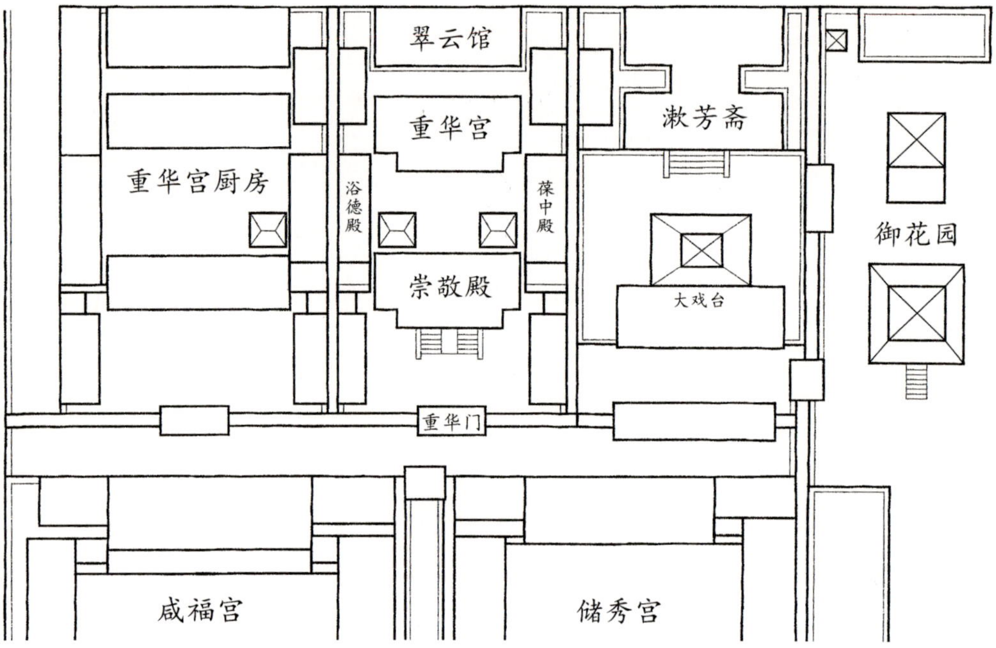

重华宫建筑群平面图

重华门

重华门外侧琉璃装饰

重华宫的命名和使用

重华宫之名出自《尚书·舜典》，由大学士鄂尔泰、张廷玉拟名，取唐孔颖达“此舜能继尧，重其文德之光华”的释义，寓意刚继位的弘历能成为像舜一样的圣明君主。乾隆皇帝在重华宫“勤圣学而谈王道”“新正与诸臣茶宴联句”，此地是他“宿学之所安”“旧剑不能忘”的地方。记中明言“少而居之，长而习之，四十余年之政皆由是而出之”，可见作为潜邸的重华宫对乾隆皇帝的整个人生和18世纪的中国都具有重要影响。

清刘墉书《御制重华宫记》

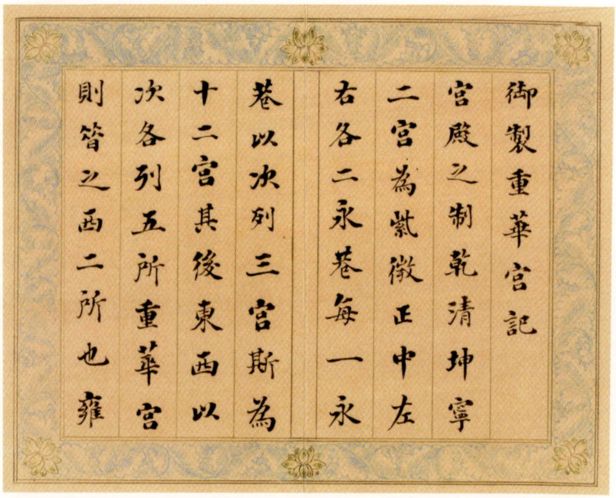
御製重華宮記
宮殿之制乾清坤寧
二宮為紫微正中左
右各二永巷每一永
巷以次列三宮斯為
十二宮其後東西以
次各列五所重華宮
則皆之西二所也雍

第一开

正年間予蒙
賜居於此即位後應
升為宮彼時大學士
鄂爾泰張廷玉擬以
重華為額雖頌之意
耶而規即在此是以
俞而稱之夫重華協
帝豈易言哉必有所

第二开

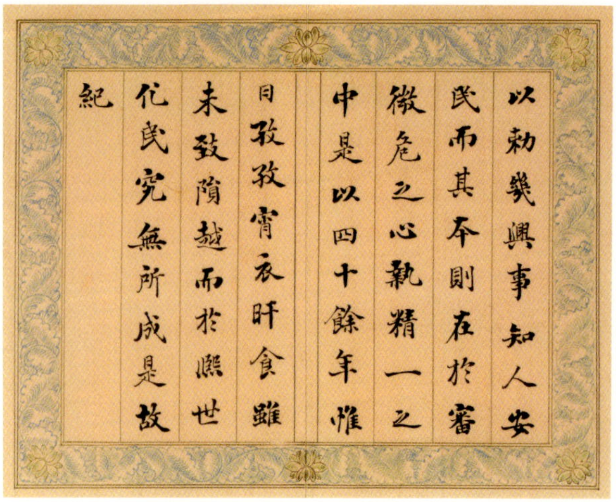
以勅幾興事知人安
民而其本則在於審
微危之心執精一之
中是以四十餘年惟
日孜孜宵衣旰食雖
未致陏越而於凞世
化民究無所成是故
紀

第三开

第四开

第五开

第六开

第七开

第八开

第九开

青玉《御制重华宫记》册

Pale green jade album inscribed with *Imperial Record of the Chonghua Palace*

清·乾隆　长22.2厘米，宽15.4厘米，厚4.3厘米

册共六页，装于缂丝锦盒之中。每页两面，在青玉上刻字填金。内容为曹文埴（1735～1798年）所书《御制重华宫记》。此记为乾隆皇帝所撰，收录在《御制文二集》卷十四。重华宫竣工和使用四十余年之后，乾隆皇帝才慎重地撰写了这篇《重华宫记》，以示不负初心。（恽丽梅）

第一页正面

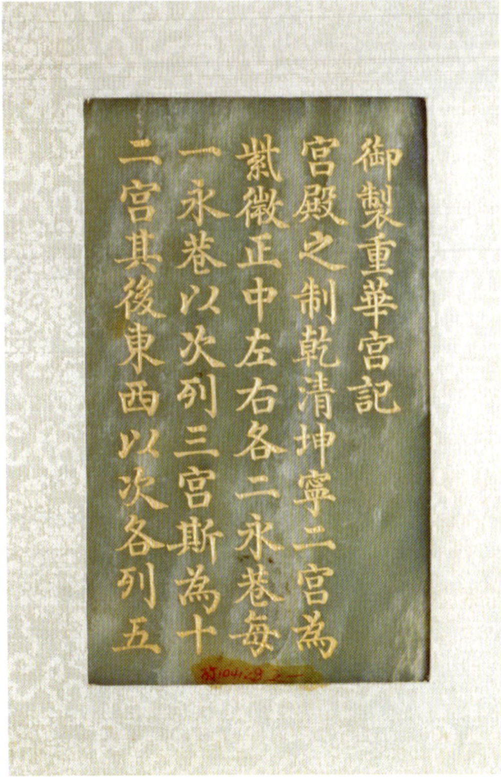

第一页反面

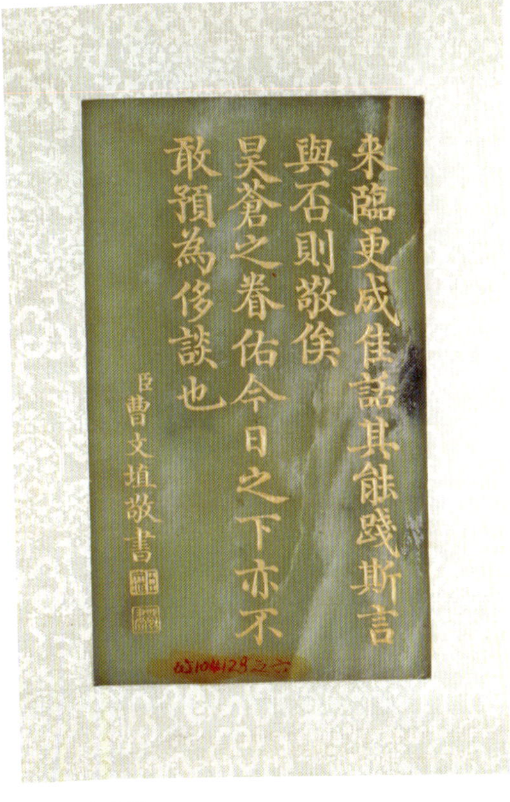

第六页正面

第六页反面

◀ 碧玉交龙钮“重华宫宝”

Dark green jade seal with double dragon knob and inscription “Treasure of the *Chonghua* Palace”

清·乾隆　边长9.7厘米，高8.6厘米

方形玺，阳文篆书。乾隆年间，紫禁城内主要宫殿几乎都有宝玺。“重华宫宝”即陈放在重华宫内。（恽丽梅）

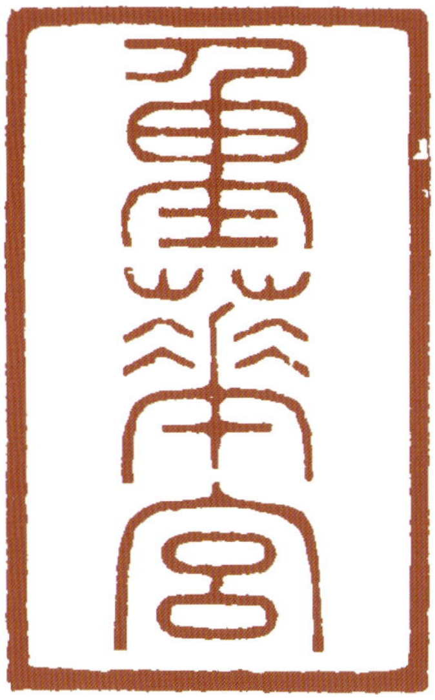

清乾隆青金石蹲龙钮“重华宫”玺及其印文

第二章

崇敬殿

Chongjing Hall

崇敬殿外景

前院正殿为崇敬殿，位于重华门之后。其面阔5间，进深3间，黄琉璃瓦歇山式顶，前檐接抱厦3间。明间和东、西次间均开古钱纹菱花隔扇门，稍间为槛窗。殿外东、西两庑各有1配殿，均面阔3间，进深1间，明间开门，次间辟窗。

崇敬殿

崇敬殿匾额

崇敬殿东稍间外槛窗

崇敬殿东配殿

崇敬殿后壁正中的隔扇门

东暖阁和西暖阁

崇敬殿的东、西稍间均为暖阁，其内皆供佛像，作为佛堂使用。东、西暖阁的两间佛堂既表明乾隆皇帝虔信藏传佛教，又体现出他利用宗教以增强与蒙、藏民族团结的目的。

崇敬殿西暖阁

崇敬殿东暖阁

崇敬殿西暖阁内乾隆皇帝题木嵌铜字雕龙纹框“吉云持地”匾

崇敬殿西暖阁内的挂屏

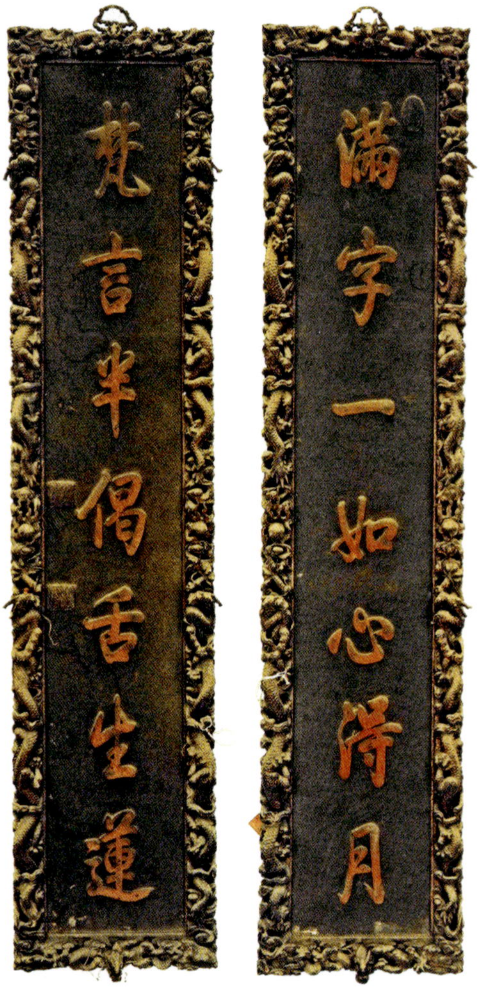

崇敬殿西暖阁内乾隆皇帝题木嵌铜字雕龙纹框“满字、梵言”对联

金无量寿佛

Gold Amitayus Buddha

清　最宽21厘米，高27厘米

佛由金制成，遍身镶嵌各色宝石，造型肃穆，工艺精湛。头戴五叶花冠，法相饱满端正，上身袒露，束腰宽肩，配饰项链、瓔珞、臂钏等，帔帛绕肩而下，于身体两侧飘扬曲转。下身着裙，全跏趺而坐，双手托宝瓶于腹前。无量寿佛受大乘佛教广为崇敬和弘扬。（杨立为）

乾隆皇帝佛装像

乐善堂的得名

崇敬殿的明间和东西次间连通成一体，明间正中悬挂“乐善堂”匾。乐善堂是弘历为皇子时的书斋之名，以此为名的缘由是“乐善堂者，盖取大舜乐取于人以为善之意也”。他认为“善”是孝悌仁义等美德，“乐”则是以实践这些美德为乐，所以大舜是他要效法的圣人。弘历继位之后，又以此名将他在潜邸时期的诗文作品集命名为《乐善堂全集》。

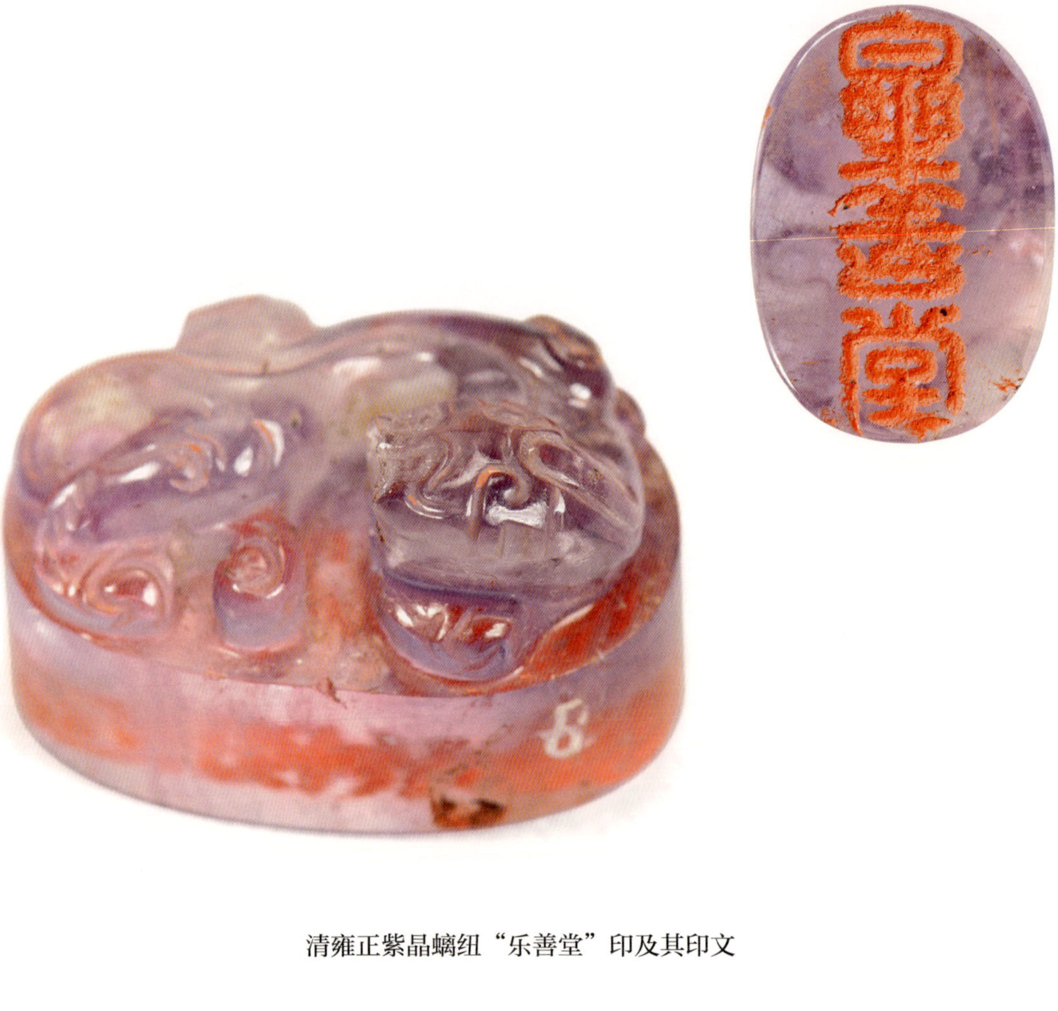

清雍正紫晶螭纽“乐善堂”印及其印文

清乾隆青花瓷云龙纹“乐善堂”玺及其印文

青玉《御制乐善堂记》册

Pale green jade album inscribed with *Imperial Record of the Hall of Leshan*

清·乾隆　长22.2厘米，宽15.4厘米，厚4.1厘米

册共六页，其首尾另各有一紫檀木板作为册面和册底，装于缂丝锦盒之中。每页两面，在青玉上刻字填金。内容为曹文埴（1735~1798年）所书《御制乐善堂记》。此记为乾隆皇帝所撰，收录在《御制文初集》卷七。（恽丽梅）

第一页正面

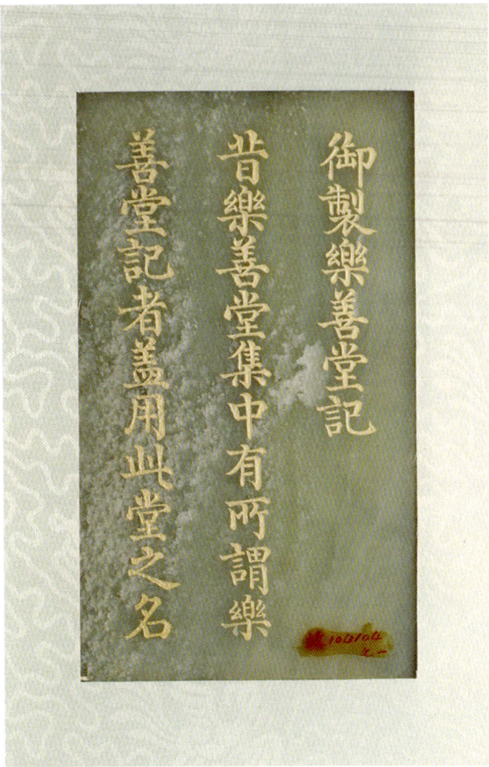

第一页反面

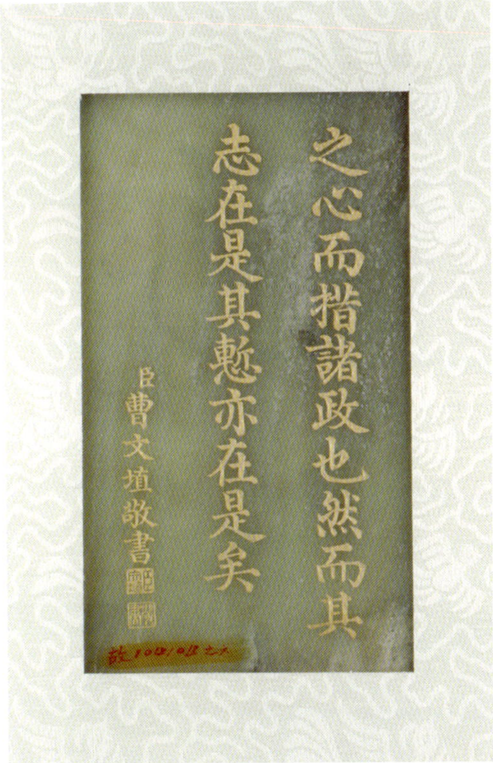

第六页正面

第六页反面

象生瓷金钟笼

Porcelain cricket cage imitating book, seal and ink pad

清·乾隆　长20.5厘米，宽11.7厘米，高14厘米

金钟笼是喂养金钟（一种蟋蟀科昆虫）的笼子。但此笼是一件仿照《乐善堂全集》、印章、印泥盒、果品而烧造的象生瓷。瓷笼主体为线装书函样式，内部中空，是豢养金钟的箱体，函表饰红地金彩缠枝花纹，并篆书“乐善堂”。书函上置二枚连体拱形纽方印，将其移开后有一与箱体相通的长方形卧槽，是放置金钟的入口。书函上还置一圆形印泥盒，盒内有核桃仁、桑葚、樱桃，盒底有五孔与箱体相通，移开盒盖便可听见金钟的清脆鸣叫。（高晓然）

象生瓷金钟笼底部款识

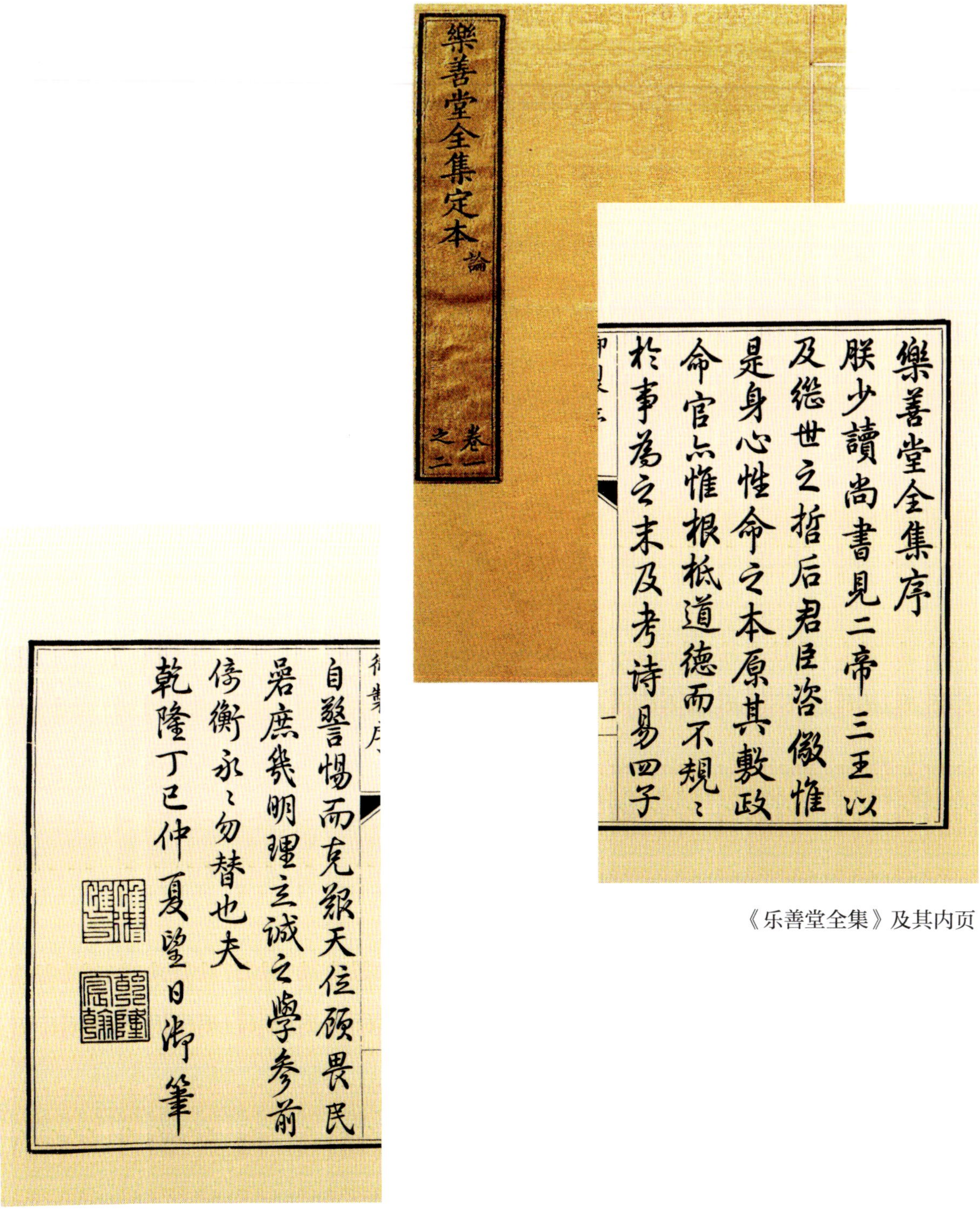
樂善堂全集定本
論
卷一之二
樂善堂全集序
朕少讀尚書見二帝三王以
及繼世之哲后君臣咨儆惟
是身心性命之本原其敷政
命官亦惟根柢道德而不規規
於事爲之末及考詩易四子
自警惕而克衆天位顧畏民
巖庶幾明理立誠之學參前
倚衡永永勿替也夫
乾隆丁巳仲夏望日御筆
《乐善堂全集》及其内页

堂
天倫敦敘忠孝在躬行

崇敬殿明间乐善堂

乐善堂的陈设

紫檀木边嵌剔红海屋添筹图围屏

Red sandalwood screen inlaid with red lacquer panels carved with coastal building design symbolizing longevity

清　左右宽280厘米，前后宽30厘米，高290厘米

三扇围屏采用山字形布局，紫檀木边座，如意回纹屏帽，屏心为通景剔红海屋添筹图，三连八字型须弥座，束腰雕莲瓣，底座亦做出如意回纹。宫廷中的大型座屏通常设于正殿明间，往往与宝座相配合使用，用以彰显使用者的身份与地位。（黄剑）

围屏局部细节

紫檀木剔红花果纹宝座

Red sandalwood throne with red lacquer panels carved with floral and fruit design

清　左右宽68厘米，前后宽67厘米，高65厘米

宝座紫檀木材质，三屏式靠背扶手，皆为如意头式回纹边框，框内镶装剔红花果纹心板。座面平镶板心，束腰雕夔纹。四腿及牙板亦用攒接法做出回纹边框，牙板中部垂出如意头，四足落在方形托泥之上。宫廷中的宝座往往与大型座屏或围屏相配合使用，用以彰显使用者的身份与地位，属于帝后的专属坐具。（黄剑）

宝座侧面

宝座背面

青玉立象

Pale green jade elephant

清　左右宽24厘米，前后宽13厘米，高31.5厘米

青玉琢制，玉质略显青白。双象立体圆雕，刀工简洁自然。大象安详端庄，在古代被视为吉祥嘉瑞。背附瓶器，谐音取义为太平有象。清代宫廷多以掐丝珐琅、玉器等工艺制作太平有象，用以陈设在宝座两旁，寓意“国泰民安、天下太平”。（刘晶莹）

碧玉甪端熏炉

Dark spinach-green jade luduan-shaped censer

清　长27.4厘米，高28厘米

甪端，碧玉制成，玉质良好。空腹，内贮香料，香气可通过张开的吻徐徐飘出。甪端，是中国古代传说的神兽、瑞兽，明君在位则捧书而至。甪端在清代宫廷主要陈设于宝座两旁，以彰显在位帝王乃圣明君主。（杨立为）

碧玉透雕云龙纹香筒

Dark spinach-green jade incense burners with cloud-and-dragon design in openwork

清　最大径25厘米，高125厘米

香筒亭式顶，筒身为碧玉质地，上透雕云龙纹。香筒是燃放香料的器具，主要与甪端、仙鹤等配合使用，对称地陈设在宝座两旁。由于亭子的建筑结构异常稳定，故香筒在设计上多采用亭式顶的造型，寓意江山稳固，社稷长存。（杨立为）

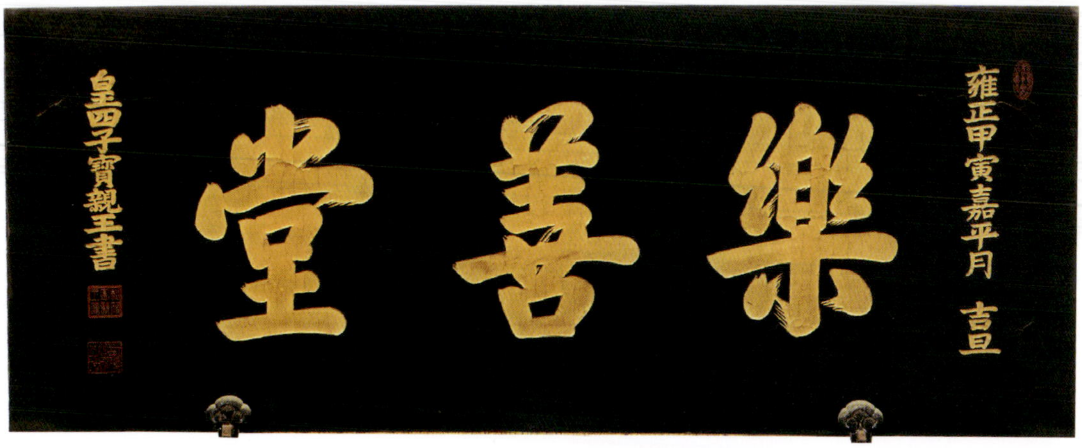

宝亲王弘历书“乐善堂”匾

张廷玉书“圣训、天伦”对联

新正茶宴联句

从乾隆八年（1743年）起，皇帝于每年正月上旬择吉日，钦点宗室、大学士、内廷翰林等能诗者到重华宫，举行茶宴联句，品尝三清茶（以松实、梅花、佛手烹煮的茶饮），吟诗酬唱。乾隆皇帝在茶宴联句上的诗作已收入其《御制诗》初集至五集。茶宴结束时，皇帝对诸臣进行颁赏，赐物有荷包、如意和名家绘画等。作为联络君臣之情的重要文化活动，茶宴联句曾在乾隆时共举行44次，嘉庆时举行10余次，道光时也曾举行过。

黑漆描金菊花纹执壶

Painted ceramic handled pot with chrysanthemum motif

清・乾隆　口径8厘米，底径10厘米，通高9厘米

紫砂胎体，壶身呈扁圆形，曲流环柄，盖中心隆起，上置圆钮。通体以黑漆为地，以描金加红彩为纹，饰盛开的折枝菊花，其间还有竹蝶、草虫。外底紫砂露胎，阴刻戗金“大清乾隆年制”篆书款。（王焉）

画珐琅菊花纹执壶

Painted enamel handled pot with chrysanthemum motif

清·乾隆　口径6厘米，足径6厘米，通高9.1厘米

铜胎体，壶身呈圆角方形，曲流弯柄，盖平顶圆钮。腹部以黄地彩绘折枝菊花，四面凸起菊瓣形开光，其内绘硕大饱满的菊花，盖面绘菊瓣纹，柄、流均饰小花朵。菊瓣式圈足内楷书“乾隆年制”。（王翯）

▶ 矾红彩题诗荷花纹盘

Red and white porcelain tray with imperial poem and lotus motif

清·乾隆　长19.7厘米，宽12.7厘米，高2.2厘米

盘呈圆角长方形，浅壁平底，底四周有六矮足。白地饰矾红彩，口沿描金。盘内底长方形开光内绘荷花图，配以乾隆二十四年（1759年）御题《荷露烹茶》诗。外底绘勾莲纹，并篆书“大清乾隆年制”款。（郑宏）

矾红彩题诗荷花纹执壶

Red and white porcelain handled pot with imperial poem and lotus motif

清·乾隆　口径6.3厘米，足径7厘米，高12.7厘米

壶身呈圆球形，曲流弯柄，盖弧顶上有圆钮。通体以矾红彩缠枝莲纹为地，腹部两面有描金委角长方形开光。开光内一面绘荷花图，另一面为乾隆二十九年（1764年）御题《荷露烹茶》诗。外底白釉红彩篆书“大清乾隆年制”款。（郑宏）

矾红彩题诗盖碗

Red and white porcelain lidded cup with imperial poem

清·乾隆　碗口径8.8厘米，足径3.6厘米，通高8.8 厘米

碗敞口、深腹、圈足，拱形盖上有圆钮。碗身与盖面分书二首矾红彩御题诗，上下对称排列。钮及足内书“大清乾隆年制”篆书款。

这套清宫御用茶具由一件盘、一件执壶和两件盖碗组成，均以矾红彩绘画纹饰、书写诗文，并配以描金作边饰，显示出乾隆时期御用茶具的典型特征。（郑宏）

剔红《御制三清茶》诗盖碗

Red lacquer lidded cup inscribed with *Imperial Poem on the Tea of Plum Blossom, Fingered Citron and Pine Nut Kernel*

清·乾隆　碗口径12.7厘米，通高8.5厘米

碗作侈口、圈足状，盖顶带圆钮，通体在绿漆回纹锦地上雕红漆花纹。口沿、近足、盖顶雕卷云纹。碗和盖的外壁均雕有乾隆皇帝的五言诗《三清茶》，款署“乾隆丙寅小春御题”。丙寅为乾隆十一年（1746年）。（王翯）

青花《御制三清茶》诗盖碗

Blue and white porcelain lidded cup with *Imperial Poem on the Tea of Plum Blossom, Fingered Citron and Pine Nut Kernel*

清·乾隆

碗口径10.9厘米，足径5厘米，通高8厘米

碗作侈口、圈足状，盖顶带圆钮，通体以青花为饰。内底绘松、梅、佛手，是为“三清”，内外口沿、近足、盖顶等处均饰一周如意云头纹。碗和盖的外壁均楷书有乾隆皇帝御制五言诗《三清茶》。此碗是重华宫茶宴联句上专门饮用三清茶的器具。（郑宏）

白玉海棠式托碗

White jade bowl with crabapple-shaped saucer

清　碗口径11.8厘米，足径5.3厘米，通高7.5厘米

碗作敞口、圈足状。碗托呈四瓣海棠花式，内底镌刻团寿字纹，寓意长寿吉祥。（杨立为）

象牙佛手式盒

Ivory box imitating fingered citron

清中期　长7.6厘米，宽5.7厘米，高4.1厘米

佛手是一种果瓣形如手指的观赏性植物，亦可作药用。盒雕作佛手状，由盖、底两部分构成。器表呈象牙原色，一端为卷曲的佛手指尖；另一端为佛手蒂柄，周围雕镂染色出褐枝、绿叶、粉花、黄蕾。（刘岳）

乌金拓《乙丑重华宫联句》诗册

Dark Rubbing album with Poetic Couplets from the Palace of Many Splendors in the Yichou Year

清　纵28.3厘米，横31厘米

册作经折装，外有金绿色凤穿牡丹图锦面，其内所拓为乾隆十年（乙丑岁，1745年）的重华宫联句诗。该年立春后一日，皇帝召张廷玉、汪由敦、刘统勋、梁诗正、钱陈群、励宗万、张若霭、嵇璜、裘曰修、陈邦彦、鄂容安、董邦达共12人，于重华宫以“迎春”为主题创作联句。诗每句五言，最后由梁诗正奉敕楷书。（冯小夏）

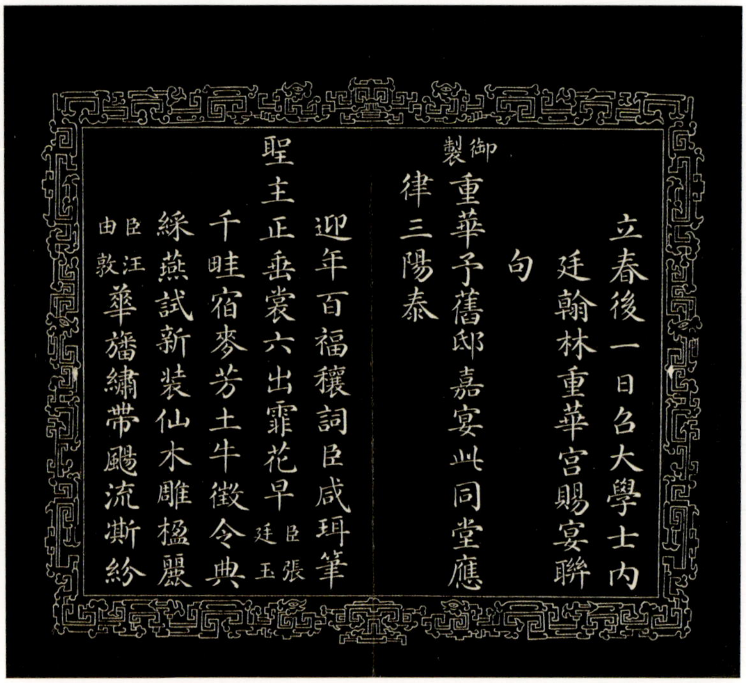

乌金拓《三清茶联句》诗册

Dark Rubbing album with *Poetic Couplets Intoning the Tea of Plum Blossom, Fingered Citron and Pine Nut Kernel*

清　纵28.5厘米，横31厘米

册作经折装，外有金绿色凤穿牡丹图锦面，其内所拓为乾隆三十三年（1768年）的三清茶联句诗。该年正月初七日，皇帝召傅恒、尹继善、刘统勋、陈宏谋、刘纶、于敏中、舒赫德、董邦达、裘曰修、王际华、彭启丰、钱维城等共28人，以“三清茶”为主题创作联句。诗每句七言，最后由于敏中奉敕楷书。（黄爱民）

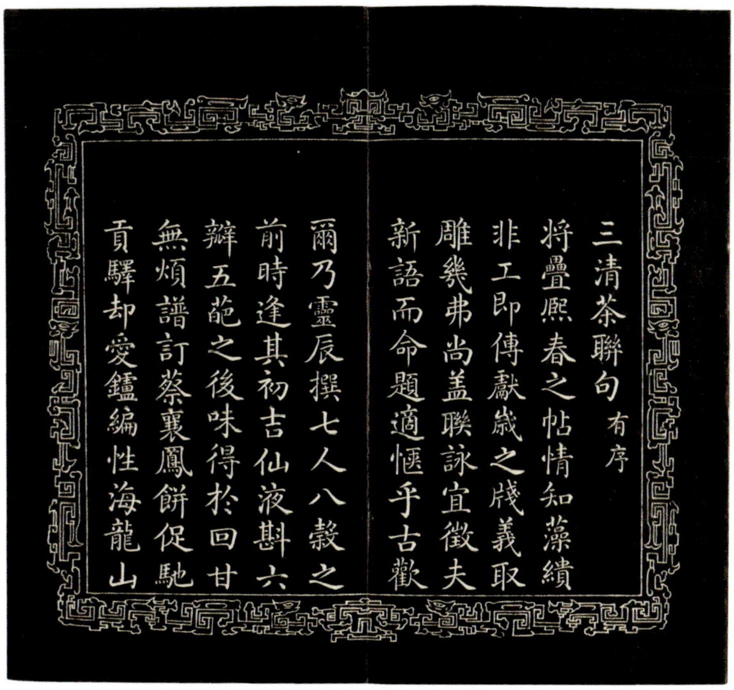

参加茶宴联句的部分宗室大臣

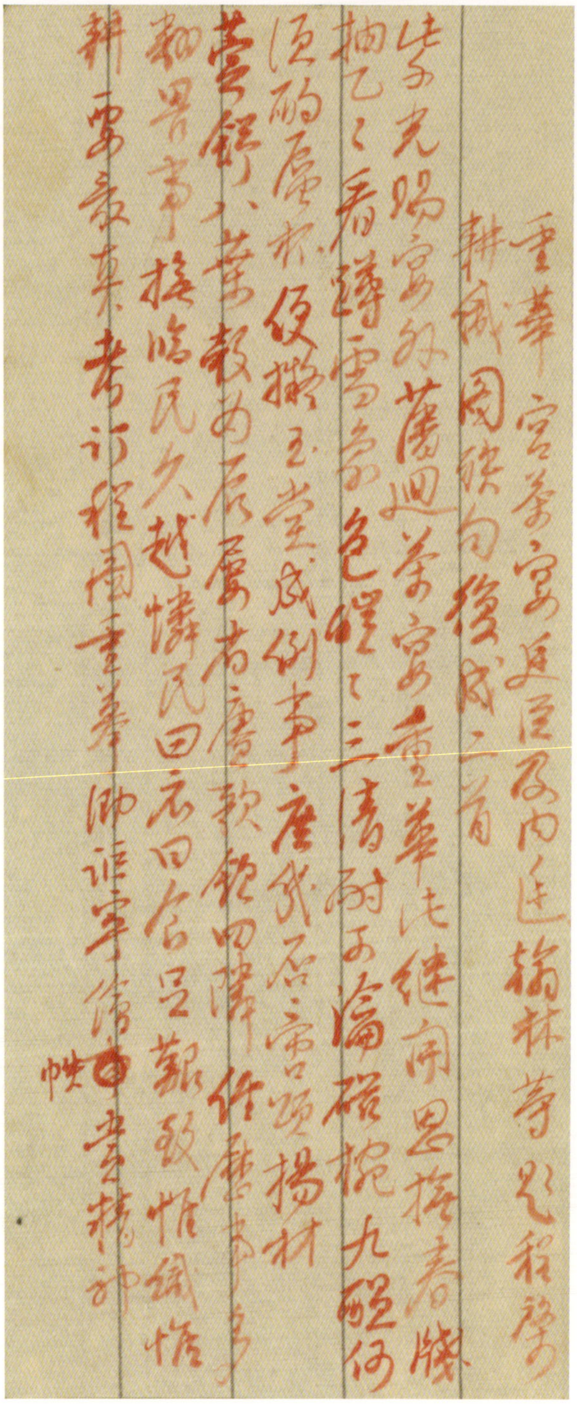
重華宮茶宴廷臣及內廷翰林等題程棨耕織圖聯句復成二首

乾隆皇帝亲笔所书《重华宫茶宴廷臣及内廷翰林等题程棨耕织图联句复成二首》页

时间	联句主题	宗室大臣
乾隆八年（1743 年）	元宵联句	张廷玉、鄂尔泰、徐本、任兰枝、张照、刘统勋、蒋溥、梁诗正、汪由敦、钱陈群、嵇璜、观保、张若霭
乾隆十年（1745 年）		张廷玉、汪由敦、刘统勋、梁诗正、钱陈群、励宗万、张若霭、嵇璜、裘曰修、陈邦彦、鄂容安、董邦达
乾隆十一年（1746 年）		允禄、允祹、弘昼、弘瞻、允禧、福彭、永璜、张廷玉、高斌、梁诗正、汪由敦、蒋溥、张若霭、雷鋐、嵇璜、裘曰修、介福、张泰开
乾隆十二年（1747 年）	爆竹联句	张廷玉、高斌、梁诗正、汪由敦、蒋溥、秦蕙田、钱陈群、雷鋐、嵇璜、张泰开、董邦达、张若澄等
乾隆十五年（1750 年）		傅恒、史贻直、梁诗正、汪由敦、蒋溥、嵇璜、刘统勋、张泰开、孙嘉淦、观保、钱陈群、刘纶、董邦达、裘曰修等
乾隆十七年（1752 年）	雪狮联句	史贻直、陈世倌、梁诗正、汪由敦、蒋溥、嵇璜、刘统勋、孙嘉淦、钱陈群、董邦达、沈德潜、钱维城等
乾隆十八年（1753 年）	咏雪联句	傅恒、来保、史贻直、陈世倌、蒋溥、刘统勋、孙嘉淦、汪由敦、嵇璜、董邦达、观保、钱维城、裘曰修、于敏中、庄存与、尹继善等
乾隆十九年（1754 年）	冰灯联句	傅恒、来保、史贻直、陈世倌、蒋溥、汪由敦、裘曰修、观保、刘纶、董邦达、彭启丰、钱维城、金德瑛等
乾隆二十一年（1756 年）		傅恒、来保、陈世倌、蒋溥、汪由敦、董邦达、钱维城、于敏中、王际华、庄存与、金德瑛、窦光鼐、钱汝诚等
乾隆二十四年（1759 年）	燕九日联句	傅恒、来保、刘统勋、嵇璜、董邦达、观保、王际华等
乾隆二十五年（1760 年）		傅恒、来保、史贻直、蒋溥、刘统勋、裘曰修、观保、刘纶、董邦达、钱维城、于敏中、王际华、金德瑛、窦光鼐、钱汝诚等
乾隆二十七年（1762 年）	玉盘联句	傅恒、来保、刘统勋、梁诗正、刘纶、舒赫德、观保、钱维城、于敏中、王际华、金德瑛、窦光鼐、钱汝诚、卢文弨、谢墉等
乾隆二十九年（1764 年）	冰嬉联句	傅恒、来保、刘统勋、舒赫德、阿桂、彭启丰、董邦达、观保、于敏中、王际华、窦光鼐、钱汝诚等
乾隆三十年（1765 年）	雪象联句	傅恒、刘统勋、陈宏谋、舒赫德、阿桂、于敏中、彭启丰、裘曰修、王际华、观保、窦光鼐、汪廷玙、钱汝诚、卢文弨、谢墉等
乾隆三十一年（1766 年）	玉盂联句	傅恒、尹继善、刘统勋、陈宏谋、庄有恭、舒赫德、于敏中、董邦达、彭启丰、观保、裘曰修、王际华、钱维城、窦光鼐、汪廷玙、卢文弨、谢墉等
乾隆三十二年（1767 年）	即事联句	傅恒、尹继善、刘统勋、陈宏谋、于敏中、舒赫德、董邦达、裘曰修、王际华、彭启丰、钱维城、汪廷玙、窦光鼐、谢墉等

时间	联句主题	宗室大臣
乾隆三十三年（1768 年）	三清茶联句	傅恒、尹继善、刘统勋、陈宏谋、刘纶、于敏中、舒赫德、董邦达、裘曰修、王际华、彭启丰、钱维城、观保、蔡新、汪廷玙、曹文埴、彭元瑞、沈初、董诰等
乾隆三十四年（1769 年）	冰床联句	傅恒、尹继善、刘统勋、陈宏谋、刘纶、于敏中、董邦达、福隆安、王际华、钱维城、观保、蔡新、庄存与、曹文埴、彭元瑞、沈初、董诰等
乾隆三十五年（1770 年）	玉瓮联句	尹继善、刘统勋、陈宏谋、刘纶、于敏中、王际华、蔡新、福隆安、程景伊、观保、曹秀先、庄存与、王杰、曹文埴、金士松、彭元瑞等
乾隆三十六年（1771 年）	适新题学诗堂联句	尹继善、刘统勋、刘纶、于敏中、王际华、蔡新、程景伊、观保、曹秀先、钱维城、庄存与、谢墉、王杰、曹文埴、金士松、彭元瑞、沈初等
乾隆三十七年（1772 年）	题程棨《耕织图》联句	高晋、刘统勋、刘纶、于敏中、程景伊、王际华、福隆安、蔡新、裘曰修、观保、钱维城、庄存与、汪廷玙、谢墉等
乾隆三十八年（1773 年）	《淳化阁法帖》颁赐群臣事联句	刘统勋、刘纶、于敏中、程景伊、王际华、福隆安、蔡新、裘曰修、观保、庄存与、谢墉、汪廷玙、董诰等
乾隆三十九年（1774 年）	《四库全书》联句	舒赫德、丁敏中、程景伊、福隆安、王际华、蔡新、英廉、观保、张若溎、曹秀先、倪承宽、梁国治、庄存与、奉宽、袁守侗、谢墉、李友棠、汪廷玙、汪永锡、钱大昕、毛辉祖、胡高望、董诰、李汪度、童凤三、纪昀、陆锡熊、陆费墀
乾隆四十年（1775 年）	《天禄琳琅》联句	舒赫德、于敏中、李侍尧、福隆安、官保、程景伊、王际华、蔡新、嵇璜、英廉、阿思哈、张若溎、曹秀先、梁国治、周煌、王杰、彭元瑞、汪廷玙、董诰、阿肃、达椿、汪永锡、吴绶诏、曹文埴、沈初、纪昀、陆锡熊、陆费墀
乾隆四十一年（1776 年）	宁寿宫落成联句	舒赫德、高晋、于敏中、福隆安、程景伊、王际华、曹秀先、蔡新、英廉、嵇璜、张若溎、梁国治、王杰、董诰、汪廷玙、钱载、沈初、陆锡熊、陆费墀、金士松、纪昀等
乾隆四十五年（1780 年）	题《四库全书荟要》联句	福隆安、英廉、嵇璜、永贵、梁国治、德保、曹秀先、蔡新、周煌、巴延三、和珅、王杰、董诰、金简、阿肃、谢墉、达椿、曹文埴、胡高望、钱载、纪昀、窦光鼐、倪承宽、陆费墀、李汪度、朱珪、陆锡熊、吉梦熊
乾隆四十六年（1781 年）	题《快雪堂帖》联句	三宝、英廉、嵇璜、福隆安、和珅、永贵、蔡新、梁国治、德保、曹秀先、周煌、周元理、罗源汉、阿肃、谢墉、董诰、福长安、达椿、钱载、曹文埴、沈初、汪永锡、纪昀、金士松、倪承宽、陆锡熊、陆费墀、孙士毅
乾隆四十七年（1782 年）	咏七十二候联句	嵇璜、和珅、蔡新、梁国治、德保、曹秀先、谢墉、董诰、福长安、钱载、曹文埴、纪昀、金士松、陆锡熊、陆费墀、孙士毅等
乾隆四十八年（1783 年）	以职官表联句	阿桂、嵇璜、福隆安、和珅、梁国治、德保、曹秀先、刘墉、王杰、谢墉、董诰、福长安、曹文埴、钱载、庄存与、纪昀、汪廷玙、金士松、陆费墀、陆锡熊等

时间	联句主题	宗室大臣
乾隆四十九年（1784 年）	五经萃室联句	阿桂、三宝、嵇璜、蔡新、和珅、梁国治、刘墉、德保、曹秀先、周煌、福长安、董诰、曹文埴、达椿、金士松、庄存与、纪昀、彭元瑞、胡高望、朱珪、童凤三、阿肃、彭冠、嵇承谦、吴寿昌、黄轩、季学锦、汪如洋
乾隆四十九年（1784 年）	观灯火联句	永瑢、永璇、永瑆、永琰、永璘、阿桂、嵇璜、蔡新、和珅、刘墉、梁国治、德保、曹秀先、福长安、董诰、曹文埴、彭元瑞
乾隆五十年（1785 年）	千叟宴联句	阿桂、嵇璜，蔡新、梁国治、刘墉、德保、金简、张若淮、庄存与、纪昀等
乾隆五十一年（1786 年）	五福五代堂联句	阿桂、嵇璜、梁国治、和珅、刘墉、曹文埴、福长安、王杰、金简、纪昀、彭元瑞、董诰、庄存与、陆费墀、沈初、孙士毅、朱珪等
乾隆五十二年（1787 年）	《开国方略》集成联句	阿桂、嵇璜、蔡新、和珅、梁国治、刘墉、曹秀先、福长安、董诰、曹文埴、金士松、庄存与、彭元瑞、朱珪等
乾隆五十三年（1788 年）		阿桂、嵇璜、和珅、王杰、刘墉、董诰、福长安、彭元瑞、金简、谢墉等
乾隆五十四年（1789 年）		阿桂、嵇璜、和珅、刘墉、董诰、纪昀、福长安、彭元瑞、金简、谢墉等
乾隆五十五年（1790 年）	“八征耄念之宝”联句	阿桂、嵇璜、和珅、王杰、彭元瑞、董诰、纪昀、福长安、金简、金士松、沈初、刘墉等
乾隆五十六年（1791 年）	《洪范》九五福之一曰寿联句	阿桂、嵇璜、和珅、王杰、彭元瑞、董诰、纪昀、福长安、金简、金士松、沈初、刘墉等
乾隆五十七年（1792 年）	《洪范》九五福之二曰富联句	阿桂、嵇璜、和珅、王杰、福长安、董诰、刘墉、金简、彭元瑞、纪昀、金士松、沈初、阮元、那彦成、谢墉等
乾隆五十八年（1793 年）	《洪范》九五福之三曰康宁联句	阿桂、嵇璜、和珅、王杰、金简、刘墉、福长安、董诰、纪昀、彭元瑞、窦光鼐、金士松、吴省兰、阮元、那彦成、谢墉等
乾隆五十九年（1794 年）	《洪范》九五福之四曰攸好德联句	阿桂、嵇璜、和珅、福康安、王杰、金简、刘墉、福长安、董诰、纪昀、彭元瑞、窦光鼐、金士松、吴省兰、那彦成、谢墉等
乾隆六十年（1795 年）	《洪范》九五福之五曰考终命联句	阿桂、和珅、王杰、刘墉、福长安、董诰、纪昀、彭元瑞、窦光鼐、金士松、吴省钦、那彦成、谢墉等
嘉庆元年（1796 年）		阿桂、王杰、孙士毅、刘墉、纪昀、庆桂、彭元瑞、金士松、沈初、吴省钦、王昶、汪承霈等
嘉庆二年（1797 年）	平定苗疆联句	廷臣及内廷翰林

第三章

重华宫

Chonghua Palace

重华宫外景

中院正殿即重华宫，位于崇敬殿之后。其面阔5间，进深1间，黄琉璃瓦硬山式顶，前檐接抱厦3间，明间开门，余皆为槛窗。宫外东、西两庑为配殿，东为葆中殿，西为浴德殿，均面阔3间，进深1间，明间开门，次间辟窗。宫前院内东、西各有井亭1座，但仅东亭内有井。

重华宫匾额

重华宫抱厦内顶的彩绘装饰

重华宫院落

重华宫的井亭

重华宫

重华宫

葆中殿和浴德殿

葆中殿是重华宫的东配殿，浴德殿是重华宫的西配殿，均为黄琉璃瓦硬山式顶。葆中殿内正额曰“古香斋”，浴德殿内正额曰“抑斋”，皆是乾隆皇帝的书房。其中，古香斋曾贮藏有康熙、雍正年间编纂的大型类书《古今图书集成》一万卷。乾隆十一年（1746年），皇帝又以“古香斋”为名，校对刊刻出一套精致的丛书《古香斋袖珍十种》。

浴德殿匾额

浴德殿外景

清雍正粉玛瑙龟纽“抑斋”印及其印文

清乾隆碧玉辟邪纽“抑斋”玺及其印文

葆中殿外景

葆中殿匾额

葆中殿外石墩和铜炉

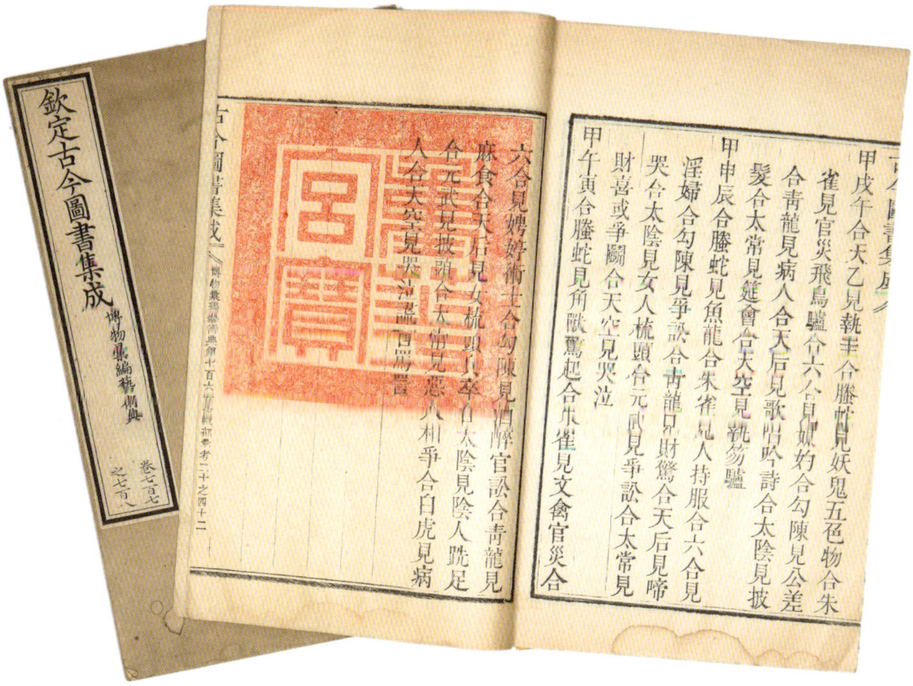

现存中国古代规模最大的类书《古今图书集成》

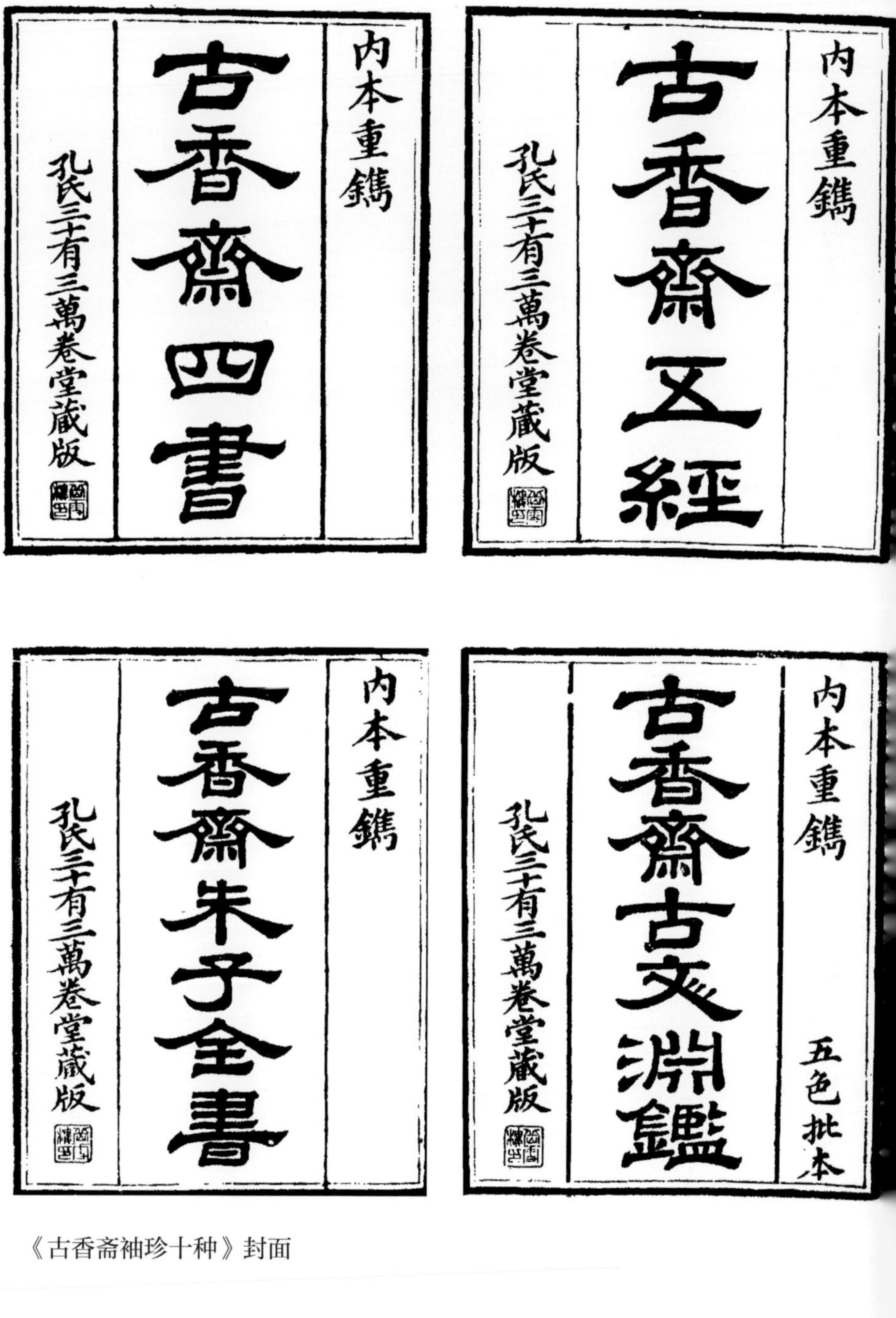
内本重鐫
古香齋五經
孔氏三十有三萬卷堂藏版

内本重鐫
古香齋四書
孔氏三十有三萬卷堂藏版

内本重鐫
古香齋古文淵鑑
五色批本
孔氏三十有三萬卷堂藏版

内本重鐫
古香齋朱子全書
孔氏三十有三萬卷堂藏版

《古香斋袖珍十种》封面

内本重鐫

古香齋初學記

孔氏三十有三萬卷堂藏版

内本重鐫

古香齋蘇詩

施注本

孔氏三十有三萬卷堂藏版

内本重鐫

古香齋史記

孔氏三十有三萬卷堂藏版

内本重鐫

古香齋資治通鑑綱目三編

孔氏三十有三萬卷堂藏版

内本重鐫

古香齋春明夢餘錄

孔氏三十有三萬卷堂藏版

内本重鐫

古香齋淵鑑類函

孔氏三十有三萬卷堂藏版

芝兰室的得名

重华宫东次间和东稍间连通，悬挂“芝兰室”匾，为乾隆皇帝御笔。雍正五年（1727年），17岁的皇四子弘历与16岁的富察氏成婚，此地便是两人的新婚居所。弘历继位为乾隆皇帝，富察氏被册立为皇后。为表达对皇后的爱意，他将此居所命名为“芝兰室”。其名源自《孔子家语·六本》：“与善人居，如入芝兰之室，久而不闻其香，即与之化矣。”

清白寿山石辟邪纽“芝兰室”章及其印文

清乾隆白玉“御笔芝兰”册

芝兰室匾额

芝兰室内景

花梨木嵌螺钿玉石人物图顶竖柜,曾放置于重华宫，柜内珍藏有皇后富察氏的随身物件。

芝兰室的陈设

紫檀木镶点翠贴金围屏

Red sandalwood folding screen with kingfisher feather ground motif and gold floral decoration

清　长429厘米，高163厘米，厚2厘米

围屏共十二扇，彼此以铜挂销相连，紫檀木边架。屏心在点翠万字锦地上，用金片锤叠出玉兰、海棠、梅、荷等各样花卉，每扇一种。清代宫廷中的围屏，是仅次于座屏的高等级家具，因其方便拆卸，收折自如，既可应用于室内，也适合于室外临时陈设。（黄剑）

紫檀木嵌青玉《御制古稀说》桌屏

Red sandalwood table screen with pale green jade pieces inscribed *Imperial Essay of the Age of Seventy*

清・乾隆　左右长115厘米，前后宽18厘米，高53厘米

紫檀木桌屏，共有九扇，眉板、裙板、屏心为青玉片，刻字填金乾隆皇帝《御制古稀说》。边扇两侧装透雕夔龙纹站牙，下接莲瓣纹屏座，上有透雕夔龙捧寿纹屏顶。《古稀说》撰于乾隆四十五年（1780年），文中乾隆皇帝在对比历史上六位年过古稀的帝王后，表示自己功业虽能超越其他帝王，但仍需敬诫自勗，以为子孙后世垂范。（黄剑）

紫檀木嵌白玉百子图插屏

Red sandalwood table screen with white jade figures of children

清·乾隆　左右长105厘米，前后宽32厘米，高100厘米

插屏紫檀木边座，素面屏框内缘起阳线，屏心用紫檀木雕出楼台亭阁，白玉雕作婴童点缀其间，绦环板有刻字填金御制诗，下接卷书式屏座。此类小型插屏通常作为案头陈设，用以装饰和观赏。（黄剑）

青玉《瘗鹤铭》山子

Pale green jade artificial hill ornament inscribed with *Epigraph on burying Crane*

清·乾隆　左右长30厘米，前后宽11厘米，通高29厘米

山子主体为青玉，刻画镇江焦山的自然风光，其下用碧玉雕刻滔滔江水。焦山正面峰峦上阴刻唐顾况（号华阳真逸）所撰《瘗鹤铭》，铭文后有乾隆所书《瘗鹤铭》之流传历史。“所宝惟贤”“乾隆御笔”“陶冶性灵”三方宝玺钤于文后。（徐琳）

黄釉墨彩花篮

Yellow porcelain basket with dark flowers and branch motif

清·乾隆　最大径21.5厘米，高27厘米

花篮通体以黄釉为地，外壁以墨彩为饰。口沿绘折枝花卉图一周，颈及近足处分别绘如意云头与蕉叶纹，上下对应。腹部绘有牡丹、荷花、菊花、梅花。（高晓然）

剔红山水人物图扇面式攒盒

Fan-shaped red lacquer set box carved with landscape and figures

清中期　长36.7厘米，宽15.1厘米，高11.4厘米

攒盒平面呈扇面状，外盒内套六个小盘。盒面中心刻山水人物图，楼阁掩映在山水树石间，一侧有两位老者相伴而来，一童子携琴跟随，另一侧亦有一人携童子而行，似俱往楼阁处雅集。（展梦夏）

攒盒盖

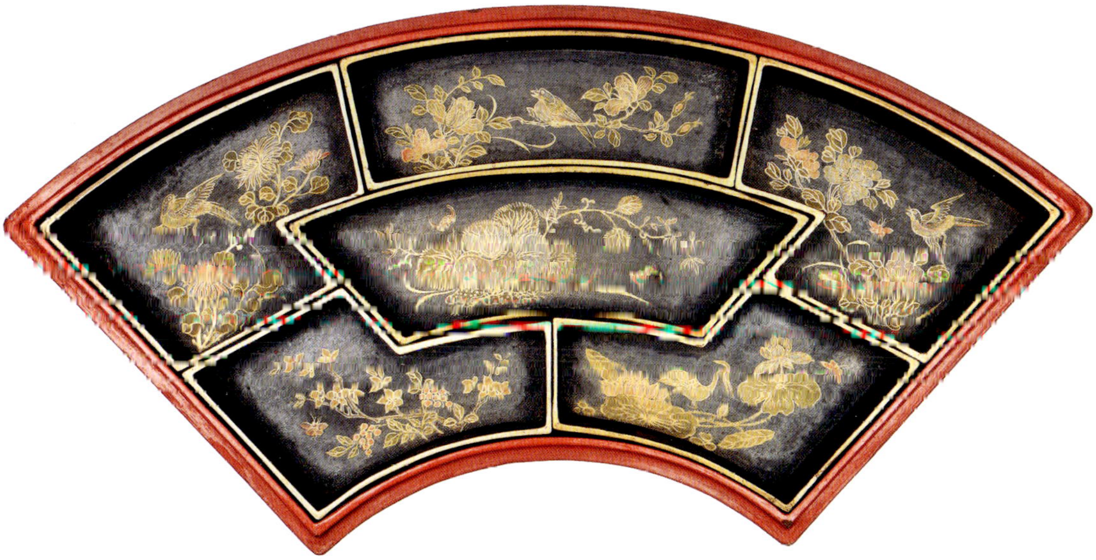

攒盒内小盘

紫檀木嵌百宝文具匣

Red sandalwood stationery case with inlays

清中期　长34厘米，宽20厘米，高25厘米

匣呈长方体，用竹丝贴于两端，以仿书函样式。器表以玉石、染牙、玛瑙、螺钿等为材料镶嵌桃、佛手、石榴纹，寓意“多寿、多福、多子”。此盒设计精巧，工艺极佳。（刘岳）

青玉十二生肖方盒

Pale green jade Chinese Zodiac animals and square box

清中期

玉兽宽4厘米~4.6厘米，高5.5厘米~5.9厘米；

玉盒边长10.8厘米，高5.3厘米

玉质十二生肖围绕一方形玉盒，放于紫檀木盒内。十二生肖均圆雕成兽首人身坐像，穿交领长衫，其底部打磨平整，可用来制作印章。方形玉盒表面为乾卦图案，四周侧面刻十二生肖动物形象。紫檀木盒外侧十二面刻隶书填金乾隆御制诗。（赵桂玲）

铜镀金亭式钟

Gold-plated copper clock in the shape of pavilion

清　高68厘米，底36厘米见方

此钟除具有走时、奏乐功能外，特别之处在于钟盘上的料石球设计。料石球由白、蓝两色料石镶嵌而成，分别象征白天、昼夜。上弦开动后，料石球转动，每二十四小时自转一周。白天时看到白色一面，夜间看到蓝色的一面。此钟由伦敦的“Robert Philippe”制造。（关雪玲）

铜镀金瑞鸟钟

Gold-plated copper clock with bird-shaped decorations

清　宽22厘米，高52厘米，厚20厘米

钟为铜镀金西洋建筑式，下层内是乐箱。开动后，便发出美妙的乐声。乐箱正面、背面门内布置风景画，画中有跑人等活动景观。二层正中嵌白珐琅二针钟盘，盘上有制作者款识“Williamson London”。用动物作装饰是18世纪钟表的特色之一，此钟在乐箱四周和顶端便装饰有瑞鸟。（关雪玲）

旧剑不能忘

乾隆皇帝的皇后富察氏，出身满洲镶黄旗，姿容窈窕端庄，性格温柔恭顺，生活勤俭，“德洽六宫”。帝后相敬如宾，情谊隆重，恩爱逾常。乾隆十三年（1748年），富察氏韶年早逝，皇帝深为哀恸，为其亲定谥号“孝贤”。作为二人一起生活长达9年的新婚居所，重华宫是乾隆皇帝“旧剑不能忘”的地方。在往后的48年中，乾隆皇帝每年除夕元旦无不来此少坐，追思皇后懿德，回忆年轻时的美好岁月。

皇后富察氏半身像

金交龙纽“皇后之宝”及其宝盝

“皇后之宝”印文

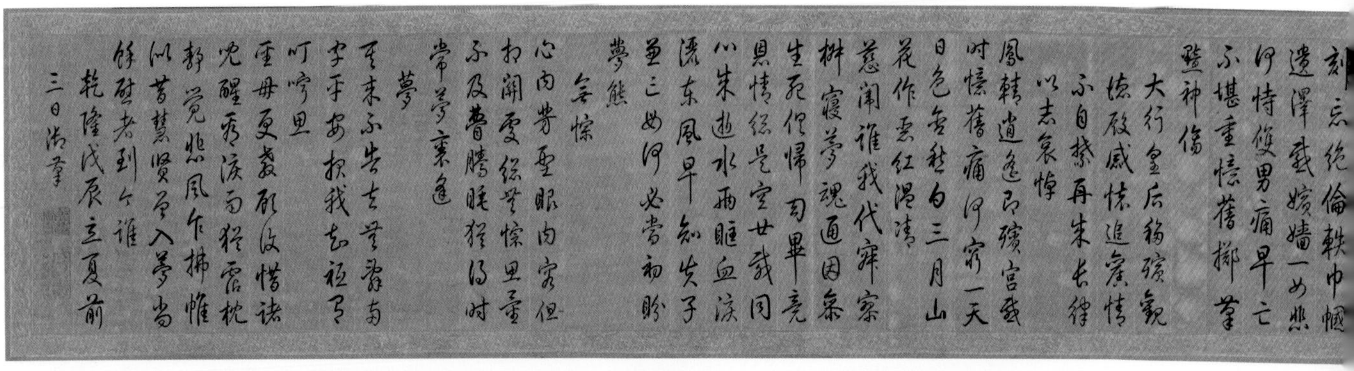

乾隆十三年（1748年）皇帝御笔《遺徽永悼》诗卷，含悼诗四首，表达了对皇后的无限思念。

诗卷局部之一

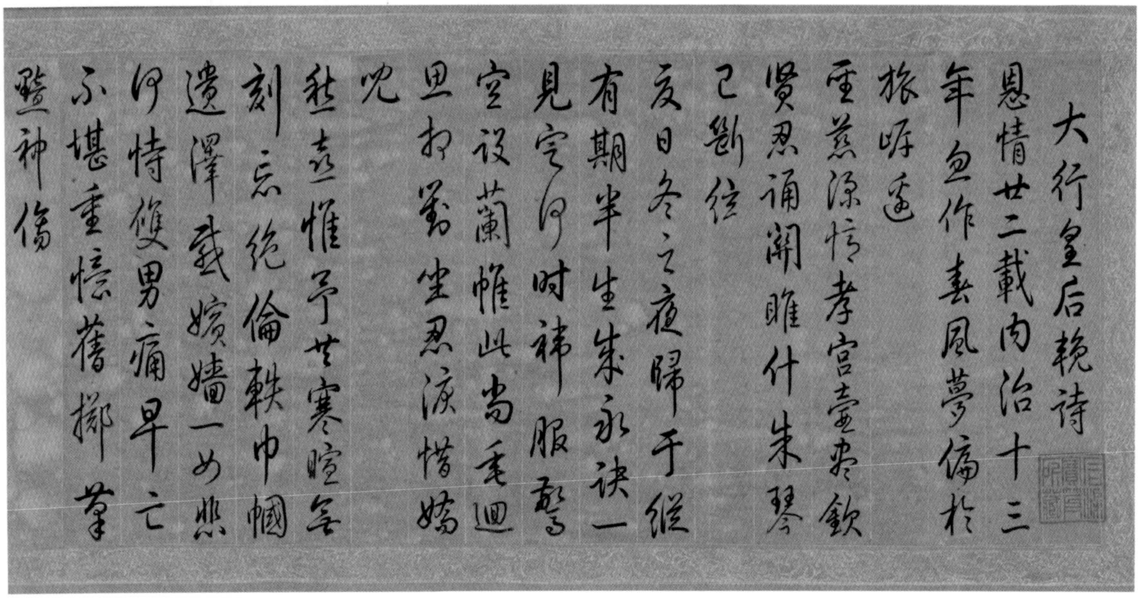

诗卷局部之二

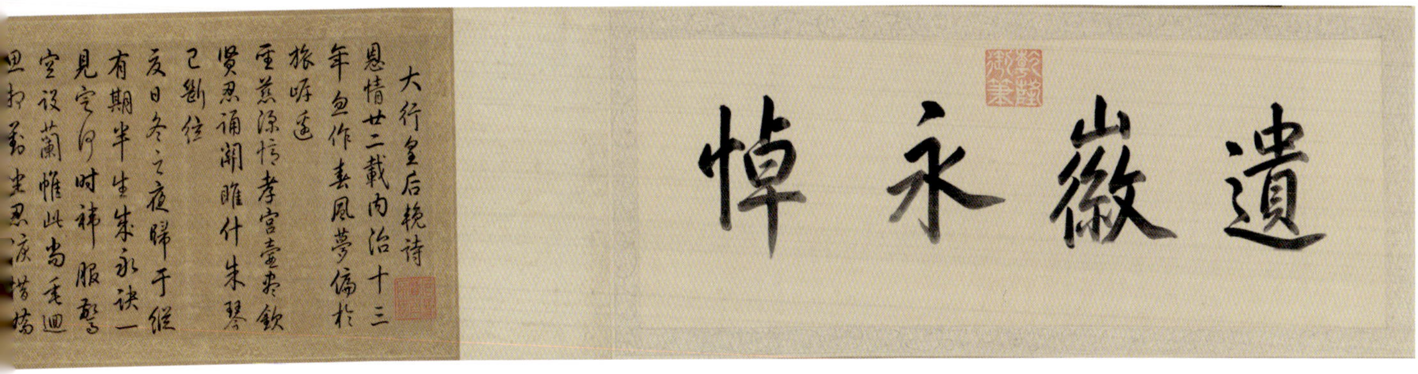

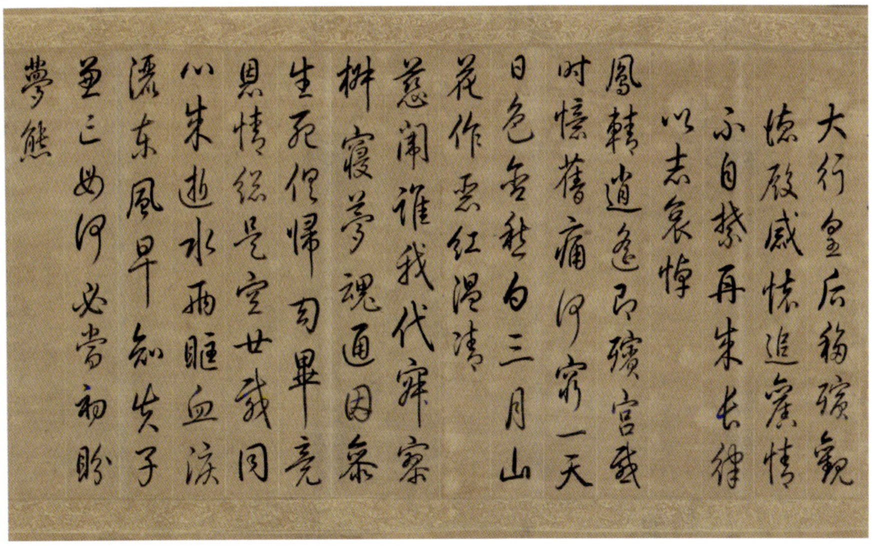

诗卷局部之三

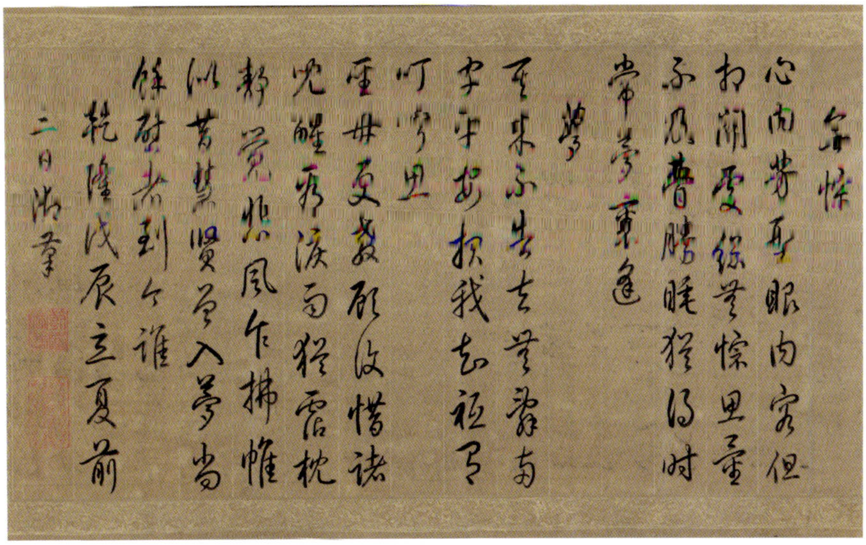

诗卷局部之四

绒缨料石顶皇帝朝冠

Emperor's court hat with sable brim, silk tassels and a tiered finial

清　直径28厘米，高24厘米

冠用貂皮做成，上缀红色丝绒线。顶有三层，每层大珠一颗，金龙四条，冠配红丝线双梁。此冠为皇帝冬季参加重大典礼时戴用。（阮卫萍）

◀ 清人画《乾隆皇帝朝服像》轴

Hanging scroll portrait of *the Emperor Qianlong in court dress* painted by court painter

清·乾隆　纵280厘米，横194.5厘米；画心纵242.4厘米，横179厘米

此图绘乾隆皇帝弘历即位时的朝服像。全图带有鲜明的西洋画风，人物面部注重解剖，以深浅不同的颜色，渲染出人物面部骨骼的变化。作者在创作上还运用欧洲绘画的透视法和高光法，真实地再现了宝座及地毯的质感，以及它们考究的做工、华美的装饰。（李湜）

点翠嵌珠皇后朝冠

Empress's court hat with kingfisher-feather and pearl inlays

清　直径27厘米，高37厘米

冠用青绒做成，上缀红色丝绒线。其上金累丝托贯金凤、珍珠各三，顶缀大珍珠一。红色丝绒周缀金凤七、金翟一，金凤嵌珍珠33颗，猫眼1颗，金翟尾垂三行二就珍珠步摇。染皮护领垂于冠后，蓝布饰带。按清朝典制记载，顶三层、金凤七、金翟一在后妃冠帽中是最高等级的朝冠。此冠应为皇后在夏季穿礼服时所戴。（阮卫萍）

◀ 清人画《皇后富察氏朝服像》轴

Hanging scroll portrait of *the Empress Fucha in court dress* painted by court painter

清·乾隆　纵271.8厘米，横130厘米；画心纵194.8厘米，横116.2厘米

皇后富察氏（1712~1748年）为察哈尔总管李荣保之女。弘历即位后，乾隆二年（1737年）正式行皇后册立礼，史称“孝贤纯皇后”。此图绘富察氏被册立为皇后时的朝服像，表现出其端庄贤惠的内在神情和母仪万方的高雅气质。（李湜）

金镶宝石项圈

Gold collar circle with gemstone inlays

清　直径19厘米

项圈亦名领约，由一弧形金槽、二圆形金管连接而成。金槽边缘饰联珠，槽内间嵌青金石和红玻璃。嵌石的连接处均饰六瓣花托，花托的底部与槽底焊接固定，表面点翠，花心饰红、蓝宝石或珍珠。金管表面錾刻凤鸟纹，两端系黄色缎带。带中间穿琥珀珠，末坠珍珠和累丝点翠帽琥珀珠。领约是清代皇后、贵妃、妃和嫔套于颈间的饰物，用以区别身份。（杨立为）

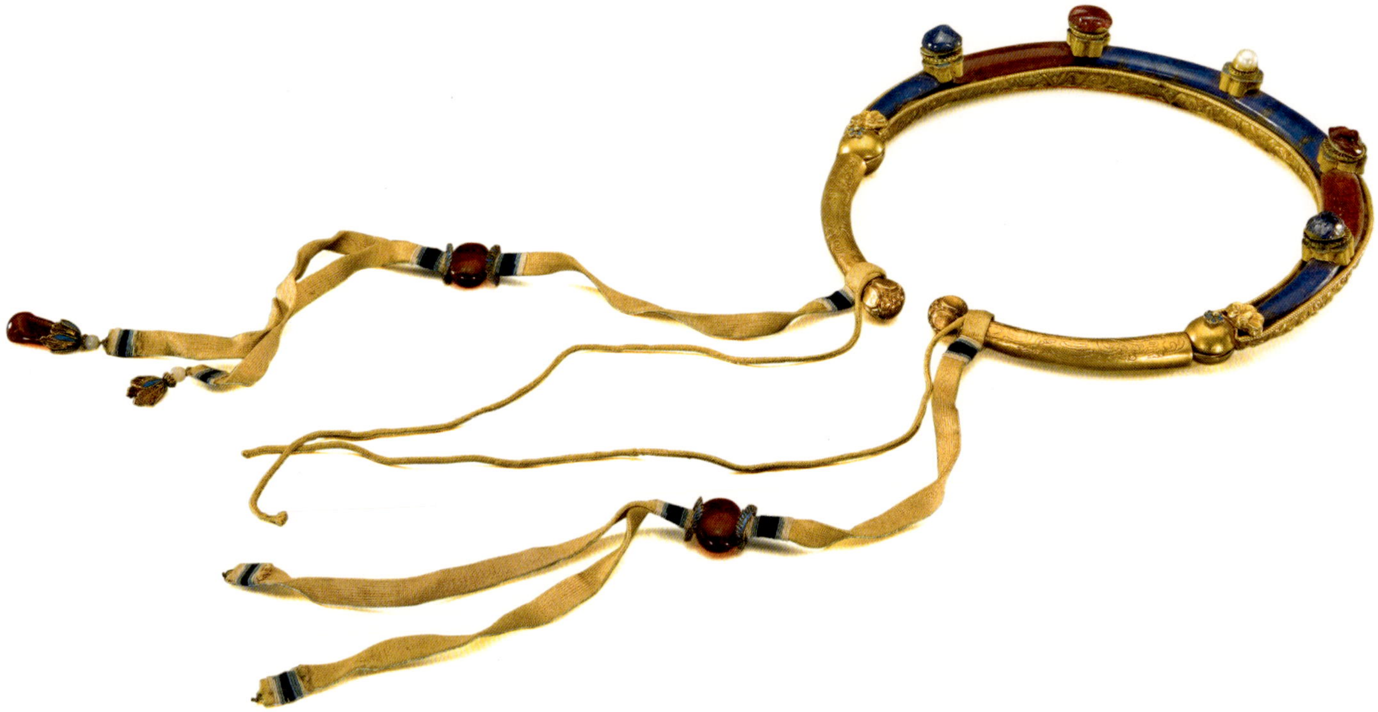

银镀金累丝指甲套

Gilt silver filigree fingernail covers

清　长9.1厘米，口径1.3厘米

指甲套一对。银镀金材质，以累丝工艺做成古钱纹样。开口处各焊贴一蝙蝠纹和寿字，寓意福寿吉祥。蝙蝠点翠，中间镶红宝石一粒。寿字点翠，中间镶珍珠一粒。清宫后妃和贵族女子有蓄养指甲的风尚，带上指甲套有保护指甲的作用。（景闻）

银镀金竹梅凤纹头花

Gilt silver hairpin with bamboo, plum blossom and phoenix motifs

清　长12.5厘米，通高12厘米

头花银镀金质，簪头饰竹枝、竹叶、金凤与梅花。竹枝叶和凤羽都用点翠工艺，并嵌红、黄、绿、监、粉等五彩料石和珍珠。簪头左、中、右用白、绿、红、黄色米珠编结出三朵梅花，增强纹饰的对称性。金凤居中，头与身用累丝工艺，各镶红色、绿色料石一颗，凤身中央镶椭圆形绿色料石。头花由簪发展而来，此件纹饰主次分明，对称均衡，层次丰富而靓丽。（章新）

银镀金松鼠葡萄纹簪

Gilt silver hairpin with squirrel and grape motifs

清　长15.5厘米，通高16厘米

簪银镀金质，簪头饰三簇葡萄叶，施以点翠工艺。中间的葡萄叶上镶嵌一粒红宝石，四周缠绕黄色、白色丝线的藤蔓，顶端以翡翠、粉碧玺、红宝石等镶嵌作葡萄籽状。葡萄叶左侧下方有金累丝松鼠一只，侧身回首，活泼顽皮。（章新）

曾在潜邸居住的宝亲王及其福晋和格格

重华宫建筑群是乾隆皇帝弘历为皇子时的潜邸乾西二所。雍正十一年（1733年），弘历被封为和硕宝亲王，富察氏为嫡福晋，次年又以乌拉纳喇氏、高氏为侧福晋。在潜邸期间，弘历还纳苏氏、金氏、富察氏、珂里叶特氏、陈氏为格格。这些福晋和格格都曾在乾西二所居住过。

乾隆皇帝妃嫔古装像

姓氏	生卒年	潜邸时期称号（起始年）	帝后妃嫔称号（起始年）	卒后谥号
爱新觉罗·弘历	1711～1799年	和硕宝亲王（1733年）	皇帝（1735年）	法天隆运至诚先觉体元立极敷文奋武钦明孝慈神圣纯皇帝
富察氏	1712～1748年	嫡福晋（1733年）	皇后（1735年）	孝贤诚正敦穆仁惠徽恭康顺辅天昌圣纯皇后
乌拉纳喇氏	1718～1766年	侧福晋（1734年）	娴妃（1735年） 娴贵妃（1745年） 皇贵妃（1749年） 皇后（1750年立，1765年废）	
高氏	？～1745年	格格（时间不明） 侧福晋（1734年）	贵妃（1735年） 皇贵妃（1745年）	慧贤皇贵妃
苏氏	1713～1760年	格格（时间不明）	纯嫔（1735年） 纯妃（1737年） 纯贵妃（1745年） 皇贵妃（1760年）	纯惠皇贵妃
金氏	1713～1755年	格格（时间不明）	金贵人（1735年） 嘉嫔（1737年） 嘉妃（1741年） 嘉贵妃（1749年） 皇贵妃（1755年追封）	淑嘉皇贵妃
富察氏	？～1735年	格格（时间不明）	哲妃（1735年追封） 皇贵妃（1745年追封）	哲悯皇贵妃（1745年追谥）
珂里叶特氏	1714～1792年	格格（时间不明）	海常在（1735年） 海贵人（1737年） 愉嫔（1741年） 愉妃（1745年） 愉贵妃（1792年追封）	
陈氏	1717～1807年	格格（时间不明）	陈常在（1735年） 陈贵人（1737年） 婉嫔（1748年） 婉妃（1794年） 婉贵太妃（1801年）	

白玉嵌宝石扁方
White jade hair ornament with gemstone inlays

清　长31厘米

扁方中部光素，一端呈卷轴形，一端呈半圆形，镶嵌对称的荷花纹。图案由各色宝石组成枝干、荷叶、荷花和花蕾。玉质洁白，嵌石素雅，是清宫内用以插发的典型头饰。（梁科）

红木嵌螺钿镶牙边镜支

Mahogany mirror with mother-of-pearl and ivory inlays

清　长19厘米，宽15厘米；
　打开高17厘米，厚3.5厘米

该镜支是清宫后妃常用的梳妆用具，小巧方便。其盖上嵌有螺钿，为蝙蝠、祥云、灵芝图案，四周有染牙嵌件，镂雕花卉缠枝莲纹。镜支打开后，盖上的螺丝会随之折叠，玻璃镜便会倾斜支在镜支顶部。（许静）

纱绣桃枝图团扇
Yarn circular fan embroidered with peach design

清·乾隆　通柄长46.2厘米，最宽31.9厘米

扇作芭蕉式，硬木边框，顶端翘起，便于拢风。扇面于黑色暗花纱地上绣出桃树的枝叶、花果和一只蝙蝠，寓意福寿绵长。扇面顶端配铜镀金护顶，扇面底部镶委角形护托，扇面中部柄梁以龟背锦装饰。扇柄红木雕花，上下两端镶绿松石，系橙色丝穗。（刘思桐）

缎绣孔雀开屏图团扇

Satin circular fan embroidered with design of peacock showing its tail

清　通柄长44厘米，宽26.5厘米

扇呈圆形，黑漆边框，柄部镂空，阴刻卷叶、松针。扇面白缎地，运用双面绣技法，以红、粉、橙、赭、绿、蓝、紫、黑等，加入多种间色丝线，绣出孔雀开屏图，周围有松树、牡丹及花草。扇面构图饱满、色泽富丽、针法多变，具有广绣的特点。（刘岳）

第四章 翠云馆

Cuiyun House

翠云馆外景

后院正殿为翠云馆，其面阔5间，进深1间，黄琉璃瓦硬山式顶，明间开门，余皆为窗。馆外东、西两庑各有1配殿，均面阔3间，进深1间，明间开门，次间辟窗。

翠云馆及其西配殿

翠云馆明间门窗

翠云馆殿顶脊兽

翠云馆匾额及檐部装饰

翠云馆内部格局

翠云馆室内明间略大，中间靠后设宝座，两侧开门分别通往东、西次室。东、西次室匾额分别为“长春书屋”“澄心观道妙”，均靠北壁设床榻。东次室以东为东稍间“养云”，靠南壁设暖炕。西次室以西为西稍间“墨池”，靠北壁设仙楼。室内装修精美，陈设有条案、炕桌、书柜、博古架、立屏、挂屏、靠椅等家具。

翠云馆内部的隔扇门

翠云馆内部的窗棂

翠云馆明间（由南向北）

翠云馆东次间“长春书屋”（由西向东）

翠云馆西次间（由东向西）

翠云馆东梢间（由南向北）

翠云馆西梢间（由南向北）

长春书屋的得名

翠云馆的东次间名“长春书屋”。雍正九年（1729年），皇帝于圆明园“九州清晏”别室举办法会，赐皇四子弘历号曰“长春居士”。后来乾隆皇帝追忆道：“曩时蒙恩尝读书于此，即长春之号亦系赐予者，故各处书屋率以此名之。”所以其书房多以“长春”命名。除翠云馆外，“长春书屋”在养心殿、西苑瀛台、圆明园、清漪园亦有。长春书屋伴随了乾隆皇帝一生。

圆明园四十景之“九州清晏”

清雍正碧玉虎钮“宝亲王宝”“长春居士”连珠印及其印文

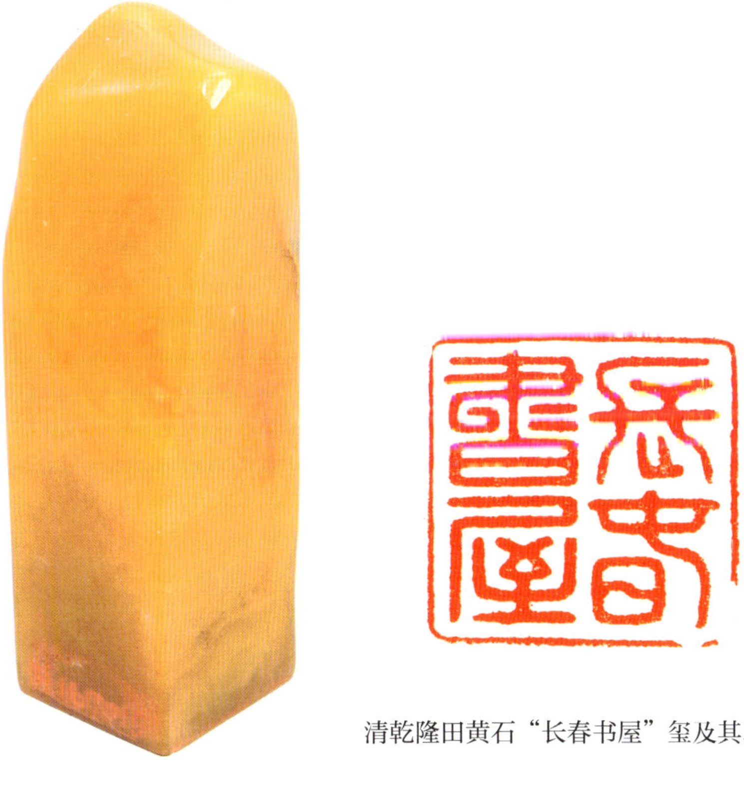

清乾隆田黄石“长春书屋”玺及其印文

『长春居士』弘历画像及其自题诗

长春书屋（由南往北）

长春书屋（由东向西）

翠云馆的陈设

紫檀木边书画座屏

Red sandalwood-framed screen with imperial calligraphy and landscape painting

清·乾隆　长280厘米，高261厘米，厚55厘米

五扇座屏山字形布局，中扇高且宽，两侧次第收减，紫檀木边座。屏帽镶黄杨木雕花心板。屏心中扇为乾隆皇帝御制诗一首，两侧为董邦达绘山水画，最边扇为乾隆皇帝御制对联。（黄剑）

清音出泉壑

斗彩缠枝莲纹瓶

Multicoloured porcelain vase with interlocking lotus motif

清·乾隆　腹径35厘米，高53厘米

瓶口呈蒜头状，细颈，圆腹，圈足。外壁以斗彩绘四层纹饰，口沿及腹部绘缠枝莲纹，颈及近足处绘蕉叶纹。四层纹饰间以红彩弦线相分隔。外底施松石绿釉，中心留白青花篆书“大清乾隆年制”款。（高晓然）

青花胭脂彩云龙纹扁瓶

Blue and rouge porcelain oblate bottle with cloud and dragon design

清　宽23厘米，高30.5厘米，厚9厘米

扁瓶小口微撇，细直颈，颈部饰对称如意式双耳，扁腹，椭圆形圈足。通体以青花胭脂彩为饰，颈部及足墙处绘云蝠纹，腹部正反两面各绘一条五爪红龙在蓝色祥云间飞舞，近足处绘青花海水波浪。外底施白釉青花篆书“大清乾隆年制”款。（高晓然）

碧玉凫式烛台

Dark green jade candlestick in the shape of wild duck

清　盘径13厘米，高25.5厘米

烛台主体圆雕展翅的凫鸟造型，脚踏伏龟，头顶一小圆盘，中有蜡钎；龟卧于饰有莲瓣的三足盘中。此烛台借凫鸟比喻“福了”，伏龟意喻“富贵”，具有浓厚的中国隐喻文化风格。（赵桂玲）

碧玉菱花式笔洗

Dark green jade writing-brush washer with floral shape

清　口长22厘米，宽18厘米，通高12.5厘米

洗内底浮雕两只鲶鱼和万年青，寓意年年有余、万年长青。洗外腹部开光内浮雕桃花与寿桃，相间雕琢。洗本是文房用具，但宫中常摆放于多宝格或几案上，作陈设观赏之用。（徐琳）

画珐琅黄地花卉纹唾盂

Painted enamel spittoon with floral decoration on yellow ground

清　直径14厘米，高9厘米

唾盂通体以黄色珐琅为地，满饰各色缠枝花卉纹和蓝色夔龙纹。折沿上有三个开光，开光内描绘西洋人物风景图，画风写实，描绘细腻。唾盂是清宫中的生活起居之物，多以漆器或铜胎画珐琅工艺制作，一般小巧而精致。（王翯）

画珐琅花卉纹冠架

Painted enamel hatstand decorated with flowers

清　直径13厘米，高28.5厘米

冠架以鎏金画珐琅工艺通身饰缠枝花卉纹，以天蓝色做地。冠顶饰寿字纹，围绕镂空嵌珐琅如意云纹及花卉。中间的支撑立柱装饰以宝相花为中心的缠枝花卉，相接处为铜鎏金蕉叶纹。底座以绘画牡丹、菊花等，边缘部分则采用鎏金嵌珐琅工艺。冠架是清代宫廷用以放置帽子的实用陈设品。（邢娜）

粉玛瑙天鸡带盖瓶

Agate lidded vase in shape of celestial rooster

清

前后宽8厘米，带座高19厘米

高14.3厘米，左右厚5.8厘米

玛瑙为粉红色，质地通透纯净。瓶呈长筒状，瓶身雕出天鸡样式，口衔活环，双翅外展，尾羽上翘。天鸡为古代神话传说中的神鸡，有率天下之鸡报晓之责。（杨立为）

文竹方胜式盒

Square head-dress shaped bamboo case

清　口最宽24厘米，宽15.8厘米，高6.5厘米

盒作方胜式，通体贴浅色竹簧为饰，盒面上又用螺钿、彩石、染牙、色漆等镶嵌暗八仙纹。文竹工艺也称“竹簧”，以大型楠竹为材，用刀劈去竹青和竹肌，仅留下如厚纸般一层薄薄的竹簧片，经过水煮、晾干、压平等工序，贴到木胎上，刻上纹饰。（谢丽）

剔红缠枝莲纹文具盒

Red lacquer stationery case carved with interlocking lotus motif

清・乾隆　左右长31.4厘米，前后宽28厘米，通高20.5厘米

该套文具放于方案中，案下为缠枝莲纹几座，案内置不同造型的小盒五个、笔筒一个。其表面均髹红漆，所雕花纹各异，有锦纹、绳纹和花卉。盒内分别盛装各式文具，有珐琅仿圈一件、珐琅印盒一件、珐琅镇尺四件、松花石砚一方、朱墨一锭、黑墨一锭、兽钮未刻玉印一方、雕漆毛笔二支、《诗韵》一册。（展梦夏）

端石三龙戏珠纹砚

Duanzhou inkstone carved with three dragons playing ball

清中期　长28.8厘米，宽19.5厘米，厚2.7厘米

砚面深雕墨池，池内装饰海水纹，其上凸雕一只小龙，宛若蛟龙浮出海面。其外对称雕饰大小苍龙，在沧海层云间时隐时现。表面绿色石眼巧做珠，呈现出三龙戏珠图案。砚面光滑平阔处为砚堂，可研墨。砚边框雕饰蝙蝠云纹。此端石通体紫色深沉，石质细腻光润，适宜发墨。（付蕾）

紫檀木边鸡雏待饲图挂屏

Red sandalwood framed hanging screen inlaid with chicken motif

清·乾隆　宽67.5厘米，高38.5厘米

挂屏外为素面双阳线紫檀木边框，线间镶嵌卷草花纹玉片，框内镶百宝嵌缠枝莲纹仔边。屏心在黑漆地上嵌青玉浮雕鸡雏一对，图像取自宋人李迪所绘《鸡雏待饲图》。在旁边的御制诗及题记中，乾隆皇帝提醒官员要爱民如子，慎重职守。属款为：戊申仲冬，即乾隆五十三年（1788年）。（黄剑）

紫檀木边彩蝶图挂屏

Red sandalwood framed hanging screen inlaid with butterfly motif

清·乾隆　宽67.5厘米，高38.5厘米

挂屏外为素面双阳线紫檀木边框，线间镶嵌卷草花纹玉片，框内镶白宝嵌缠枝莲纹作边。屏心在黑漆地上以百宝嵌手法做出彩蝶一只。从旁侧文字可知，乾隆皇帝因得见祥瑞彩蝶，故作诗以记其事。（黄剑）

紫檀木边嵌玉石博古图挂屏
Hanging screen with red sandalwood frame and jade inlays depicting curios

清　宽80厘米，高123.5厘米

挂屏素面紫檀木边框，正面模仿多宝格的造型，以回纹框分作数格，每格在香色漆地上用百宝嵌手法做出浮雕博古图案。插屏、瓶花、果盘、书函、爵杯、铜镜、滚轮等皆参照多宝格的实际陈设而制。（黄剑）

紫檀木边嵌玉石博古图挂屏

Hanging screen with red sandalwood frame and jade inlays depicting curios

清　宽80厘米，高123.5厘米

挂屏素面紫檀木边框，正面模仿多宝格的造型，以回纹框分作数格，每格在香色漆地上用百宝嵌手法做出浮雕博古图案。自鸣钟、香炉、笔筒、玉璧、瓶花、如意等皆参照多宝格的实际陈设而制。（黄剑）

宿学之所安

乾隆皇帝一生酷爱读书，常将元蒲道源《偶书》“得句因新意，耽书是宿缘”写成对联挂在自己书屋或寝宫。把时间耽误在读书里，是前世的因缘，无法改变，所以他于紫禁城内外宫苑建有书屋百余座。这与乾隆皇帝少时养成的读书习惯有关，他常回想起研读经史，“勤圣学而谈王道”的乾西二所，将重华宫视为自己“宿学之所安”的地方。

乾隆皇帝写字像

乾隆皇帝在重华宫所绘《岁寒三友图》

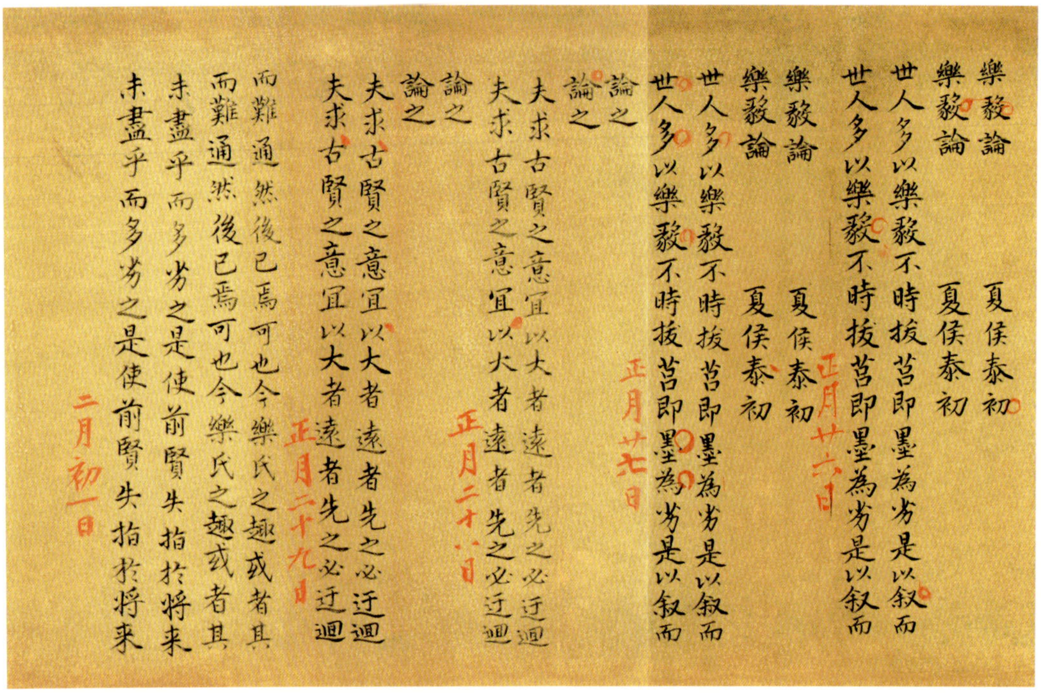

弘历20岁时临写的晋王羲之《乐毅论》。

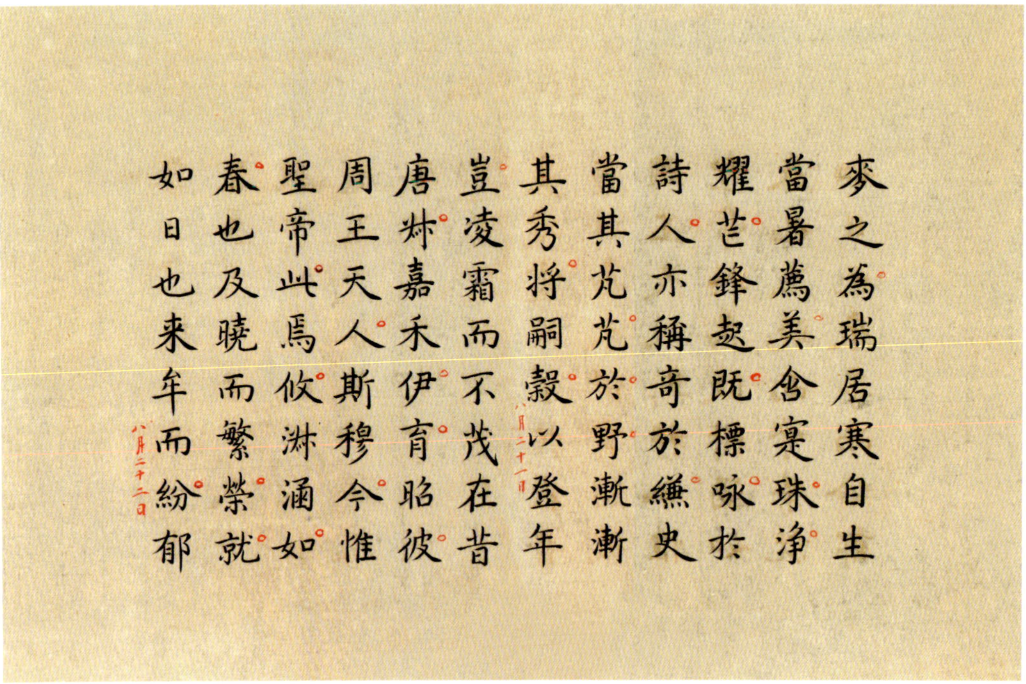

弘历25岁时临写的唐任瑗《瑞麦赋》，这是他当皇子时的最后一篇书法临写之作。

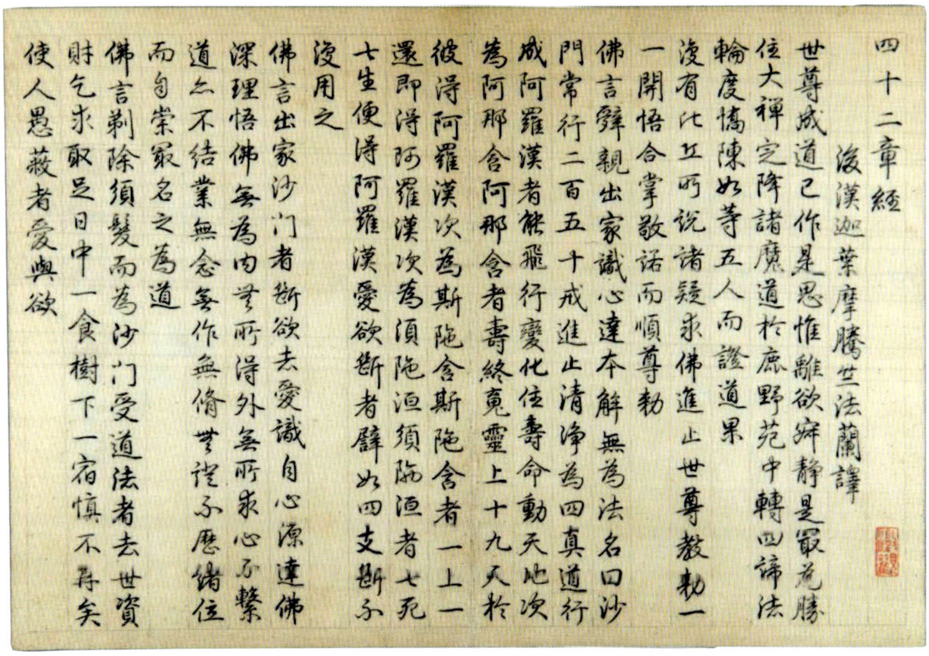

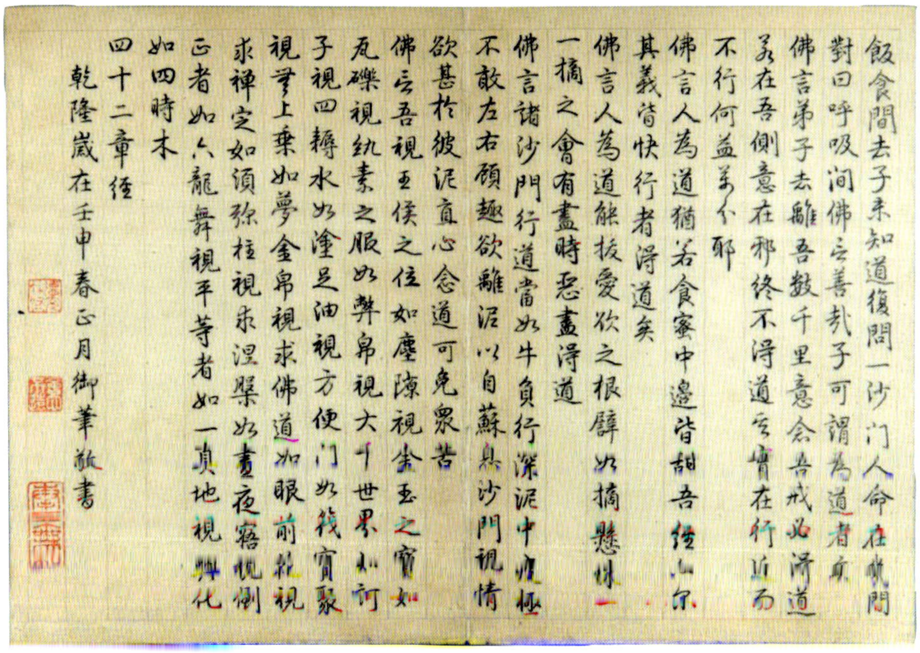

乾隆皇帝书《四十二章经》册页

The Sutra of Forty-two Chapters on folding paper written by Emperor Qianlong

清·乾隆　全开长24厘米，宽16.8厘米

该经外有楠木护板，其上以阴文填绿书“御书四十二章经”。经文由乾隆皇帝书写于宣德磁青笺上，时间为乾隆十七年（壬申岁，1752年）。《四十二章经》一卷，由东汉来华的中印度僧人迦叶摩腾与竺法兰合译。全卷共有42篇短小经文，故以此题名，大意为出家、在家都应精进离欲，由修布施、持戒、禅定而生智慧。该经是第一部汉译佛经，并包含佛教修道的基本纲领，故在中国佛教界的影响非常深远。（杨国彭）

姚文瀚画《乾隆皇帝鉴古图》轴

Hanging scroll painting of *the Emperor Qianlong Appreciating Antiques* painted by Yao Wenhan

清·乾隆　纵294厘米，横138厘米

图绘乾隆皇帝身着汉装，在坐榻上观赏青铜器、瓷器等各种古物的情景。皇帝身后有一扇屏风，其上绘山峦和流水，并挂一幅乾隆皇帝汉装像。此画上有乾隆皇帝御题：“是一是二，不即不离。儒可墨可，何虑何思。”款署“长春书屋偶笔”，并钤“长春书屋御制”白文方印。姚文瀚，号濯亭，清乾隆年间宫廷画家。此图借鉴了宋代的《人物图》，书房的家具陈设和人物的动作姿态均与之雷同。

（周耀卿）

珍藏御赐物件

乾隆皇帝晚年，他命人在重华宫摆放其登基前用过的各种物品，以及祖父康熙皇帝、父亲雍正皇帝御赐的各种贵重物件。其中，康熙皇帝御赐品较少，而雍正皇帝御赐品数量较多，类别相当丰富。弘历青少年时就得到康熙皇帝的喜爱和雍正皇帝的信任，深受两代皇帝的影响。乾隆皇帝悉心珍藏这些御赐物件，以缅怀皇祖、皇父对自己的眷顾养育之恩。

圆明园的“镂月开云”原是康熙六十一年（1722年）康熙皇帝、雍亲王、弘历祖孙三代相聚赏花的牡丹台。

青花牡丹图笔筒

Blue and white porcelain brush pot with peony design

清·康熙　口径18厘米，足径18厘米，高16厘米

笔筒直壁、平底，外壁以青花绘山石、牡丹、对鸟。外底中间有一周凹形框圈，圈内施白釉，青花楷书“大清康熙年制”款。（高晓然）

红漆描金双圆式手炉

Linked-loop-shaped red lacquer hand warmer with gold painting

清・雍正　口径9.6×15.1厘米，宽19.1厘米，高13.7厘米

手炉呈双圆相连式，内设铜胆，上覆铜丝编罩，器身两侧对称开光，其内分别饰双龙、双凤。手炉是文人雅士几案上冬季常备的器具，用于暖手，以便书写绘画。清代宫廷，手炉制作以珐琅、铜器为主，漆器很少。这件作品精工华丽，更是罕见。（邢娜）

白玉念珠

White jade court beads

清·雍正 周长[illegible]厘米

主体由108颗白玉珠穿缀而成，四颗红玛瑙珠将其分成四段，珠上又挂有三串纪念，每串纪念上有10颗铁铝榴石。三串纪念上的坠脚各不相同，分别为粉碧玺珠子、红珊瑚坠子、绿松石坠子。该朝珠是雍正十年（1732年）皇帝赐予皇四子弘历之物。此后，乾隆皇帝一直将其贮藏于翠云馆的配殿。（仇泰格）

雍正皇帝赐予弘历的冠架

雍正皇帝赐予弘历的瓷豆

雍正皇帝赐予弘历的瓷瓶

第五章

漱芳斋

Shufang Pavilion

漱芳斋外景

漱芳斋位于重华宫院落以东，是其宴集演戏之地。其由前殿和后殿构成，均面阔5间，进深1间，黄琉璃瓦硬山式顶，两殿中间有穿堂相连，平面呈工字形。前殿明间为风门，余皆为槛窗，与两侧的东、西配殿和对面的南房围成独立小院，有转角游廊相通。院内南侧正中建一座大型戏台。东、西配殿面阔3间，进深1间，东配殿明间前后辟门，东出即御花园。

漱芳斋匾额

漱芳斋前殿外景

漱芳斋院内转角游廊

漱芳斋前殿外侧游廊

漱芳斋内院落

漱芳斋前殿内部格局

前殿面阔5间，进深1间。室内明间与东、西次间和穿堂原以几腿罩分隔，清末时改成金丝楠木落地罩。东次间悬乾隆皇帝御题匾“庄敬日强”，其东建一槽多宝格，上设文玩器具。多宝格上偏左有暗门，通往东稍间“静憩轩”，是乾隆皇帝读书之处。西次间和西稍间连为一体，沿南窗和西墙设有万字炕。明间之后为穿堂，可通往后殿。

前殿东次间的多宝格

前殿西次间和西稍间陈设

前殿明间和东次间之间的落地花罩

前殿明间和西次间之间的落地花罩

漱芳斋后殿内部格局

后殿位于穿堂之后，其面阔5间，进深1间。室内明间北墙悬《大宝箴》挂匾。东梢间曰“随安室”，与东次间以隔扇门相隔。东次间匾曰“金昭玉粹”，清末改挂“高云情”匾，面向朝西，为侍宴观戏之处。西稍间原有凹字形戏台，清末将建福宫花园中的敬胜斋方形亭式戏台移建于此，上悬乾隆皇帝御笔匾“风雅存”，面向朝东，与西次间连通。

前殿通往后殿的穿堂

后殿的东次间

后殿的西次间和西稍间小戏台

小戏台匾额“风雅存”

歡聲珠閣奏雲韶
情

后殿东次间的“高云情”匾额及对联

侍奉太后进膳

漱芳斋是乾隆皇帝临憩之处，也曾是他尽孝的地方，尤其是每逢万寿节、圣寿节、中元节、除夕等重大节日，都要亲陪其母在此进膳和观戏。崇庆皇太后（1693~1777年），钮祜禄氏，满洲镶黄旗人，少时入侍雍亲王府邸，康熙五十年（1711年）生弘历，雍正元年（1723年）封为熹妃，雍正八年晋封熹贵妃。弘历即位后，尊母为崇庆皇太后，对其十分孝顺，时常问安侍膳。此后，道光、咸丰、同治等朝依旧奉皇太后或皇贵太妃等人在此用膳。

崇庆皇太后半身像

乾隆皇帝为崇庆皇太后捧杯祝寿

崇庆皇太后所用的金錾花嵌珠杯盘

乾隆皇帝率妃嫔、皇子、皇孙
向崇庆皇太后庆贺八旬大寿。

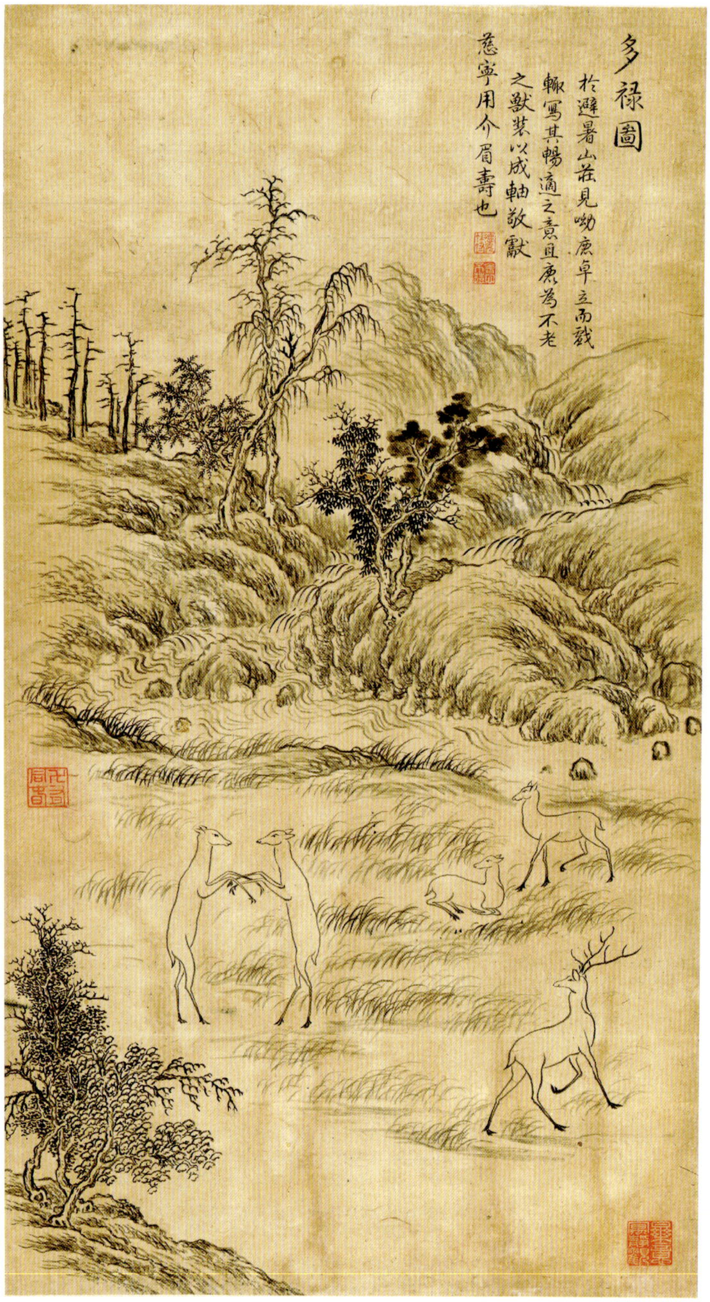

乾隆皇帝画《多禄图》轴

Hanging scroll painting of *Deer Sporting in the Forest* painted by Emperor Qianlong

清·乾隆　纵54厘米，横28.9厘米

此画采用平远法构图，绘五只体态悠闲的鹿在幽静的山林间嬉戏的景象。画上御题“于避暑山庄见呦鹿卓立而戏，辄写其畅适之意，且鹿为不老之兽，装以成轴敬献慈宁，用介眉寿也”。鹿谐音“禄”，因此名为《多禄图》。它是乾隆皇帝为祝其母崇庆皇太后寿辰而创作的写生图。（周耀卿）

珊瑚云龙福寿纹桃式盒

Peach-shaped coral case with cloud-and-dragon and happiness-and-longevity designs

清·雍正　长23.5厘米，宽20.5厘米，高19.5厘米

盒呈桃形，金胎，器表选用多块红珊瑚粘接而成。盖顶雕寿字和蝙蝠，寓意多福多寿，余部满雕云龙纹，变化繁复，形象生动，工艺精湛。（黄英）

象牙染雕桃蝠纹盖碗

Ivory lidded bowls carved and dyed with peach-and-bat design

清　口径11.5厘米，通高9.5厘米

盖碗以象牙染雕工艺制成。碗外壁、圈足及盖顶均凸雕出繁密的桃枝，累累桃实掩映其间，亦有桃花或含苞或怒放。碗外壁寿桃旁有两只蝙蝠上下翻飞。桃是长寿的象征，蝠谐音为“福”，而红色蝙蝠则寓意洪福齐天。（刘思桐）

画珐琅勾莲八宝纹攒盒

Painted enamel set box with designs of interlocking lotus and the Eight Treasures of Buddhism

清中期　口径34.5厘米，高11.5厘米

攒盒是一种盛装各种果脯的分格盒子。盒平面呈圆形，通体以画珐琅为饰，分层绘五福捧寿、缠枝莲花、佛教八宝等。盒内为铜屉，其上有九个小盘。（展梦夏）

画珐琅勾莲纹葫芦式温壶

Gourd-shaped painted enamel wine warmer with interlocking lotus design

清　口径3.2厘米，最宽16厘米，高23厘米

壶分为上下两节及壶盖，组合放置时作葫芦状。通体以画珐琅为饰绘缠枝莲纹，流、柄等处施深蓝色釉，以金绘祥云纹等。温壶造型独特，设计巧妙。葫芦谐音“福禄”，又多籽，寓意“多福多子”。（展梦夏）

金錾云龙纹执壶

Gold handled pot carved with cloud-and-dragon designs

清　腹径16厘米，最宽19厘米，高31.5厘米

壶身较高，撇口、细颈、球形腹。壶口上有一锥形盖，盖面自上而下分为四层，每层錾云龙纹，盖下有一锥形榫，插入壶口。颈中部有一周素箍，其上、下均呈纵向条状分割，内饰云龙纹。壶足似倒置圆形漏斗，上细而下阔，饰云龙、海水、火焰纹。壶流和壶柄弯曲而细长，整体光素，口沿处錾花，下部饰兽面纹。（杨立为）

粉彩滕王高阁图暖锅

Famille-rose porcelain chafing dish with painting of *Tengwang* Pavilion

清·乾隆　口径24厘米，底径13厘米，高19厘米

暖锅又称火锅、热锅，既可加热烹煮菜肴，又可将食品保温。暖锅由器身、器盖两部分组成。器身敞口，深腹，两侧饰兽耳衔环，锅内置镂空柱及隔网。高圈足，足墙对称饰扁圆形开光。器盖平顶，中心圆孔，盖面对称置半圆形钮，穿以提环。锅内及外底施松石绿釉，盖顶及足墙外以粉彩饰缠枝花卉。器身外壁绘一幅通景山水画，口沿下题“滕王高阁”。（高晓然）

画珐琅缠枝花纹盘

Painted enamel dish with interlocking floral decoration on yellow ground

清·乾隆　口径22.5厘米，高4.1厘米

盘铜胎，口沿镀金，浅壁，圈足。通体施黄色釉为地。盘心饰蓝色团寿字，周边环饰四朵缠枝牡丹，寿字与牡丹相呼应，有“长寿富贵”的吉祥寓意。盘内、外壁皆有四个圆形开光，其内分别写有蓝色篆书“万”“寿”“无”“疆”四字。开光外饰缠枝莲、菊等吉祥花卉。（王翯）

黄地粉彩缠枝花纹碗

Famille-rose porcelain bowl with interlocking flowers on yellow ground

清・乾隆　口径18.5厘米，底径7.5厘米，高8厘米

碗口微外撇，深弧腹，圈足。内壁施透明釉，以矾红彩绘五只飞舞的蝙蝠。外壁以黄彩为地，其上以粉彩绘各种缠枝花纹。因采用西洋绘画的光影明暗技法，故所绘花卉更具有立体感。外底以青花篆书“大清乾隆年制”款。（蒋艺）

紫地粉彩开光山水图碗

Famille-rose porcelain bowl with landscape painting on crimson ground

清 乾隆 口径10.5厘米，底径5厘米，高5厘米

碗敞口，深弧腹，圈足。内壁施透明釉，光素无纹。外壁以紫彩为底，用轧道工艺拨划出细如毫芒的凤尾状纹。外壁有四处圆形开光，其内绘亭台楼阁、山水、人物。开光间隔处绘粉彩勾莲纹。外底以青花篆书“大清乾隆年制”款。（蒋艺）

蓝玻璃碗

Blue glass bowl

清·乾隆　口径20厘米，足径6厘米，高7厘米

碗为斜弧壁，圈足，沿上有6个豁口，似荷叶形。通体由透明蓝色玻璃制成，足部外底阴刻楷书“乾隆年制”款。此碗为清宫造办处玻璃厂制作，器形追摹宋代瓷碗，薄如蛋壳，色如宝石，工艺精湛。（王翯）

绿玻璃六角纹渣斗

Green glass basket with hexagonal motif

清・乾隆　口径7.7厘米，高8.7厘米

此器口沿呈喇叭状，鼓腹，平底。通体由绿色玻璃磨制而成，质地纯净，透明度极佳，饰有连续的六角形状饰，具有立体效果。渣斗常置于餐桌用来装肉骨鱼刺等食物渣滓，也可盛茶渣。渣斗质地多为瓷器、铜器和珐琅器，而玻璃所造者则十分罕见。（王翯）

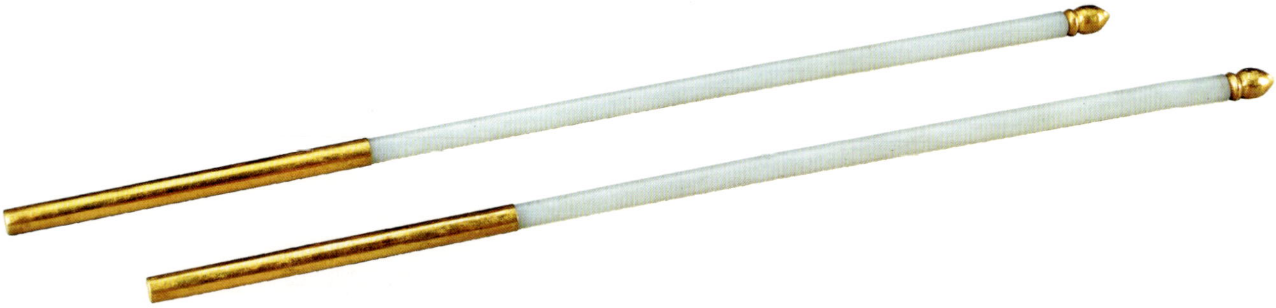

青玉镶金箸

Pale green jade chopsticks with gold ends

清　通长29.6厘米

箸俗称筷子。此双箸为青玉质，一端套裹细长金管，另一端镶嵌桃形金顶。（杨立为）

金镶玉柄勺

Gold spoon with jade handle

清　通长16.9 厘米，宽4.3厘米

金质勺体，轮廓优美。勺柄微曲，由玉制成，并雕刻出龙首造型。（杨立为）

金镶木柄果叉

Gold fruit fork with ebony handle

清　长21.8厘米，宽1.5厘米

果叉为金质，双齿，叉头与柄连接处，錾花卉纹。柄为乌木质，其上刻写填金多个变体的“寿”字，顶端镶白玉兽首。（杨立为）

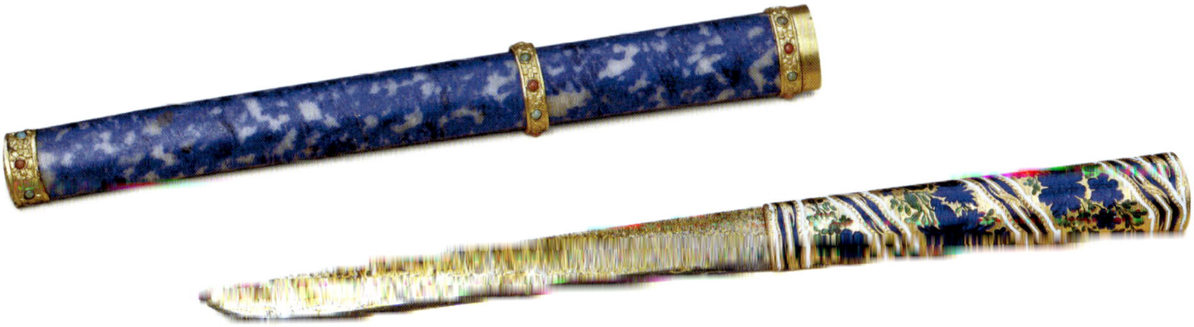

洋金烧蓝柄果刀

Steel fruit knife with enameling gold handle

清·乾隆　长30厘米

刀身为钢质，其上洒金，刀背镌“乾隆年制”款。刀柄采用洋金烧蓝工艺制作，其上有折枝花纹，蓝、白、绿三色相间。刀鞘为青金石上镶鎏金铜饰，铜饰上錾刻花纹，并嵌绿松石、红珊瑚等各色宝石。（杨立为）

漱芳斋大戏台

漱芳斋大戏台位于院落南侧正中，北向正对前殿之门，后与南三房相通，是紫禁城中最大的单层戏台。其为方形亭式建筑，面阔、进深均3间，黄琉璃瓦重檐四角攒尖顶，台基的正面和两侧围以绿柱朱栏。檐下正面悬有黑地金字匾额和楹联。戏台地表木板铺制，其下有四眼水井，能使音乐共振和谐，唱腔回旋委婉。戏台顶部呈八边形，彩绘蓝底白云团，正中顶棚由方形活板铺成，演天宫戏时扮演神仙的演员可由此乘祥云下降人间。

漱芳斋大戏台

漱芳斋大戏台正面

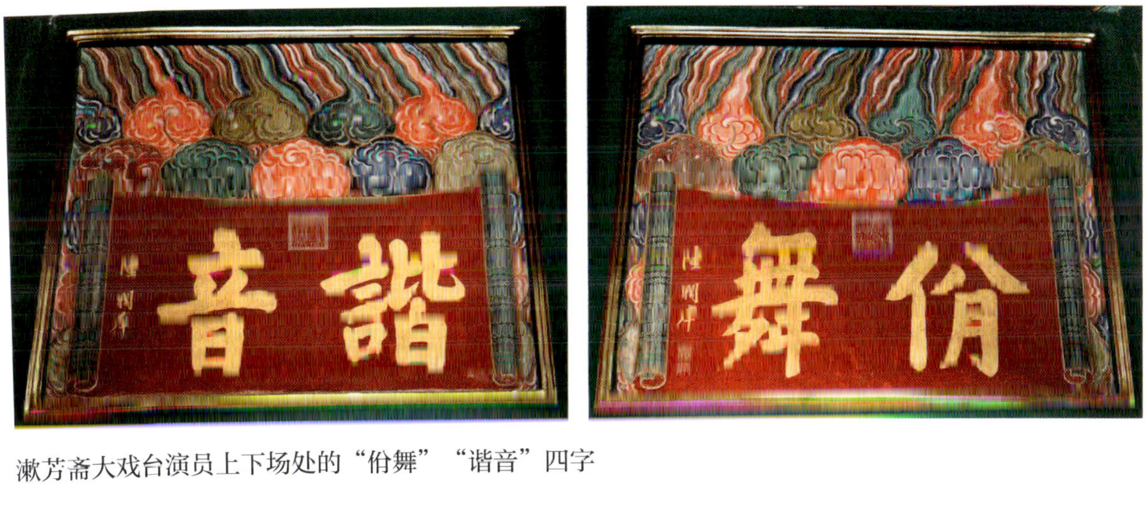

漱芳斋大戏台演员上下场处的“佾舞”“谐音”四字

漱芳斋大戏台顶部

帝后喜好观戏听曲

清代宫廷有丰富的文化活动，每逢典礼庆贺、良辰吉日都要演戏。康熙时专设戏曲管理和承应的机构，习称“南府”。乾隆皇帝十分喜爱戏曲，不断扩充南府艺人，命大学士张照等人编写戏曲剧本，包括月令承应戏、庆典承应戏、朔望承应戏三大类，又修建漱芳斋、畅音阁、同乐园、清音阁等大型戏台。道光七年(1827年)，皇帝将戏曲机构和人员进行了调整，改南府为升平署。晚清时的慈禧太后更是对戏曲痴迷，甚至亲自扮演。

张照画像

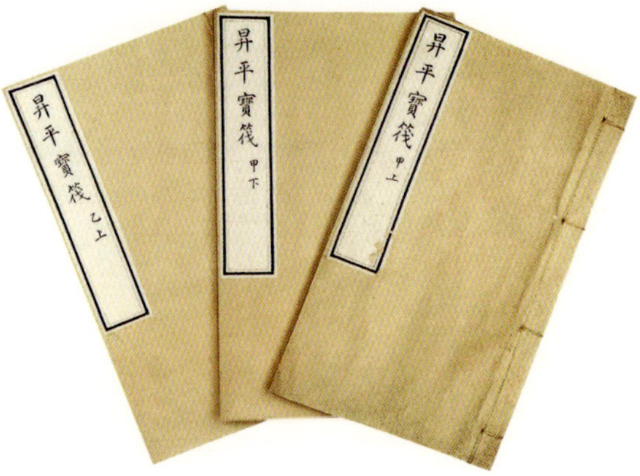

张照根据小说《西游记》改编的朔望承应戏《升平宝筏》（清乾隆内府抄本）

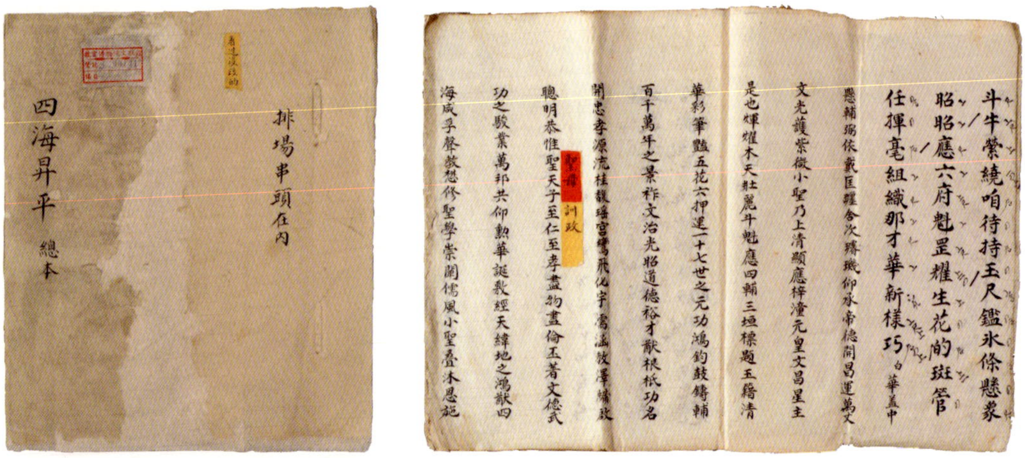

新编戏《四海升平》（清乾隆六十年南府抄本）演乾隆五十七年（1792年）英吉利国王遣使向清廷朝贺的故事

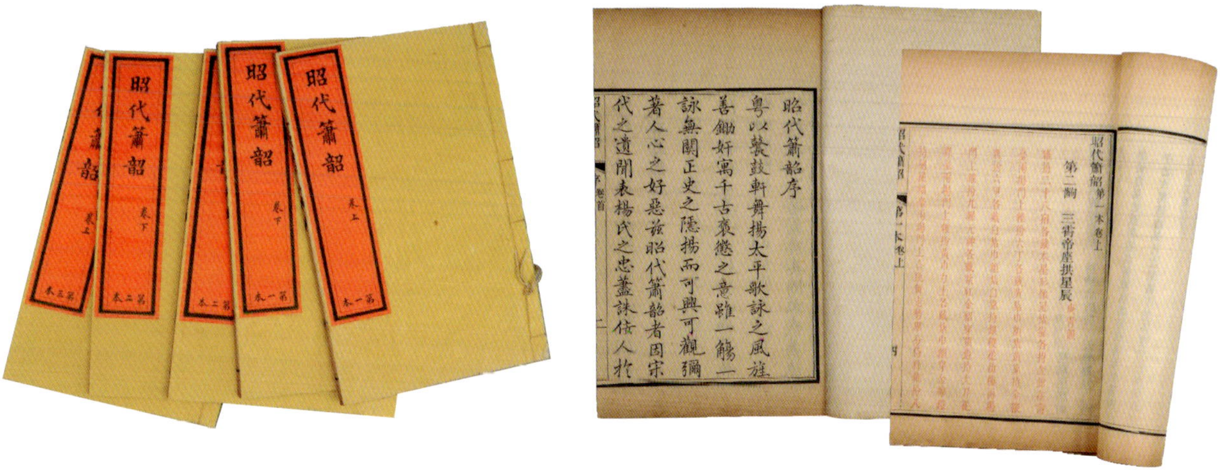

王廷章、范闻贤根据小说《杨家将演义》改编的朔望承应戏《昭代箫韶》
（清嘉庆十八年武英殿刻朱墨套印本）

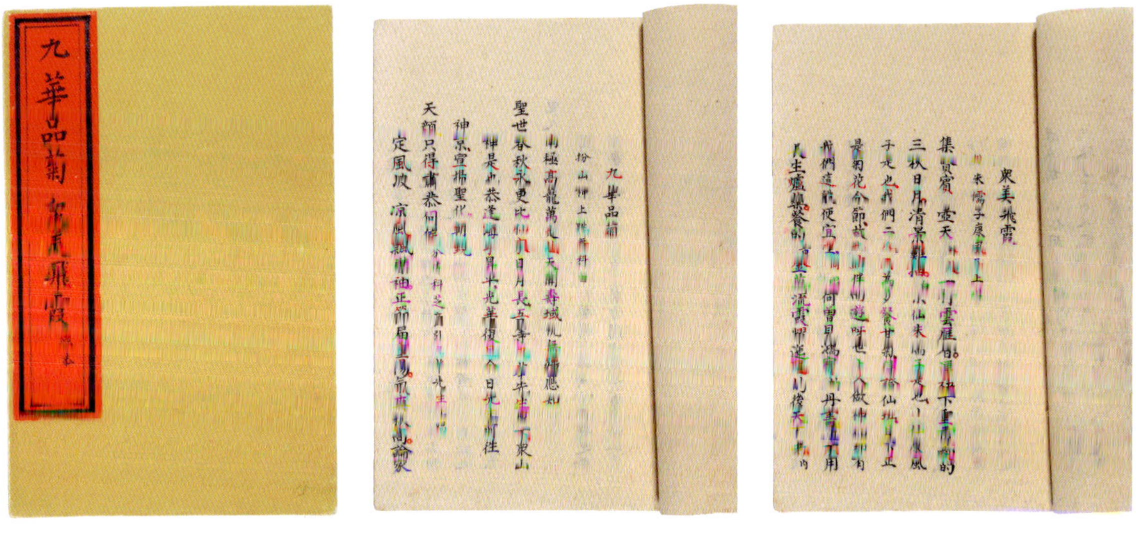

张照编写的月令（重阳）承应戏《九华品菊 众美飞霞》（清乾隆南府抄本）

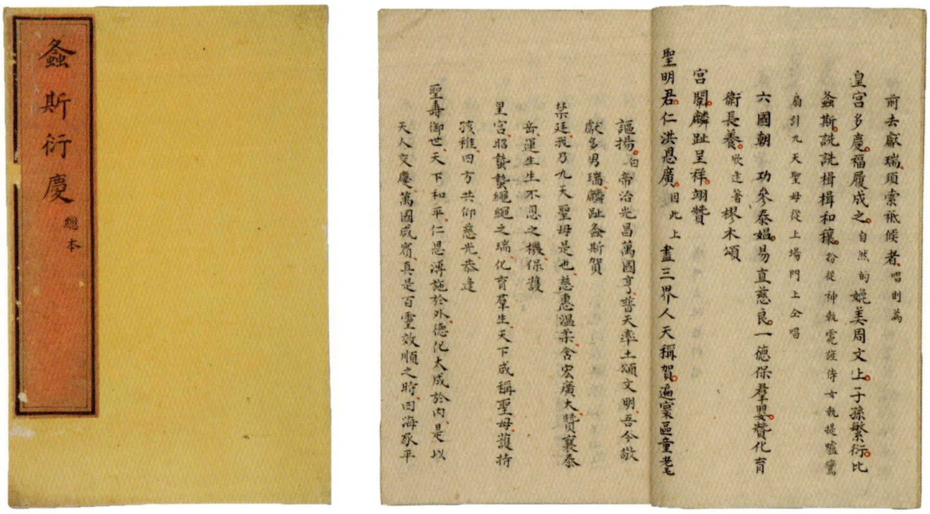

皇帝大婚时的庆典承应戏《螽斯衍庆》（清南府抄本）

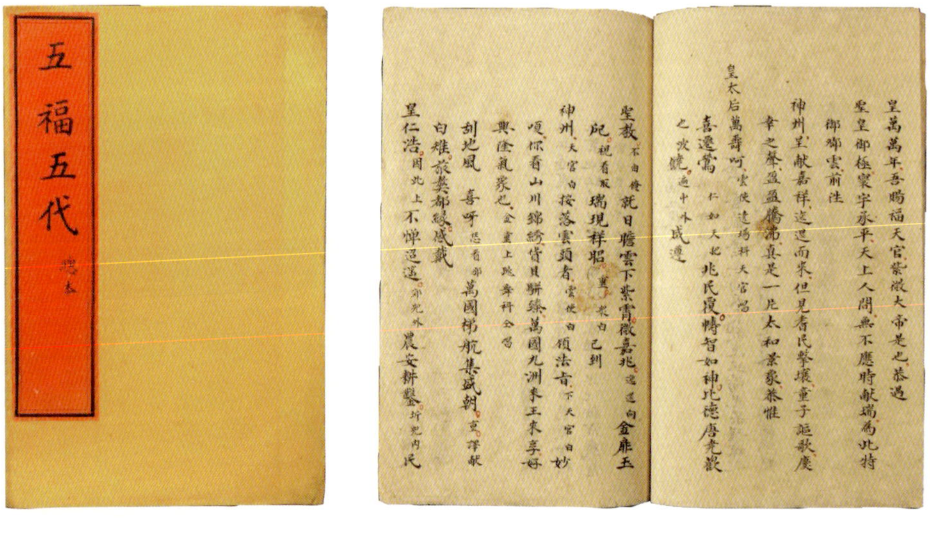

道光三年（1823年）、道光五年、咸丰二年（1852年）、同治十二年（1873年）在漱芳斋演出过的《五福五代》（清升平署抄本）

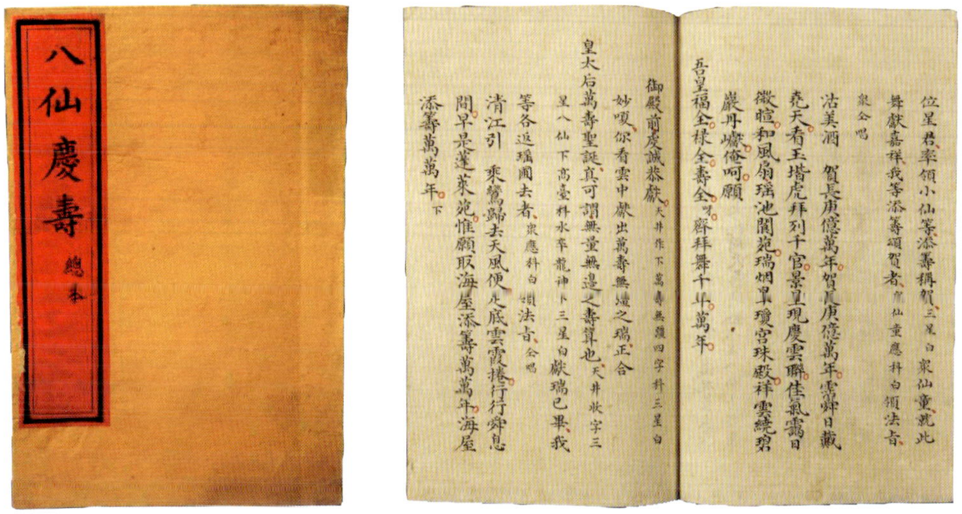

咸丰三年（1853年）、同治十二年（1873年）、光绪九年（1883年）在漱芳斋演出过的《八仙庆寿》（清升平署抄本）

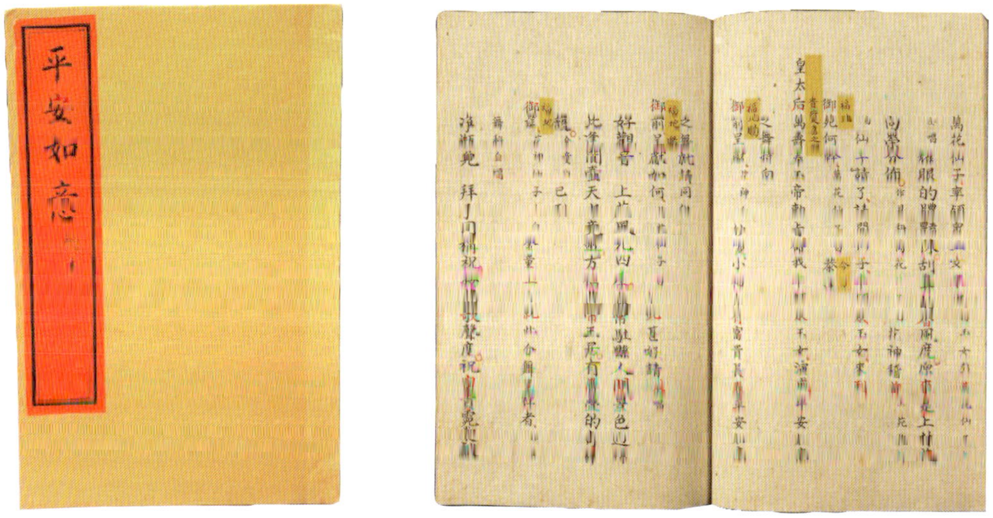

同治十二年（1873年）和宣统三年（1911年）在漱芳斋演过的《平安如意》（清升平署抄本）

绿色绫绣云鹤团蝠月季纹男帔

Male informal dress of green damask silk embroidered with clouds, cranes, bats and Chinese-roses

清·乾隆　身长141厘米，两袖通长218厘米，下摆宽102厘米

直领，对襟，左右开裾，宽身阔袖，衣长及足。通体于果绿色绫地上绣骨式云纹、仙鹤纹、暗八仙纹、十二团蝠月季纹。帔是根据明代服装褙子美化而成的戏曲服饰，有男、女之分。男帔是剧中帝王将相、官吏豪绅及其眷属的家居便服，常以颜色区分穿戴者年龄。此帔颜色鲜艳，常为青年者所穿。（刘国梁）

黄色缎绣日月云鹤纹法衣

Religious ceremonial robe of yellow satin embroidered with the sun, the moon, clouds and cranes

清 乾隆 身长[illegible]厘米，两袖通长[illegible]厘米，下摆宽110厘米

直领，对襟，阔口袖，左右开衩，衣长及足。粉红色暗花绸衬里。衣领、袖边用黑缎镶宽边，饰平金龙逐火珠纹。周身绣仙鹤，口中衔古钱、宝珠、如意、犀角、珊瑚等杂宝，间饰流云纹。两肩绣日月，左为太阳，内有三足乌，右为月亮，内有玉兔捣药。法衣是军师、道士设坛做法时的场合装，也是仙翁的身份装，如《借东风》中的诸葛亮，《安天会》中的太上老君，《五花洞》中的张天师等。（孙召华）

白妆花缎彩云金龙海水纹女帔

Female informal dress of white satin embroidered with clouds, gold dragons and seawater

清·乾隆　身长118.5厘米，两袖通长221.5厘米，下摆宽104厘米

直领，对襟，阔袖，裾左右开，衣长及膝。衬粉红色云纹暗花纱里。胸前缀白缎带两条，两侧各织一升龙，下幅为海水江崖，两肩各织一升龙，背后为一正龙，其间饰杂宝纹。此帔面料为清初江宁织造局贡品，乾隆年间成衣，织造精工，设色瑰丽。清宫大戏《鼎峙春秋》中的孙尚香即穿此帔。（孙召华）

蓝缎绣平金松鹤纹老旦帔

Old female informal dress of blue satin embroidered with gold pines and cranes

清 乾隆 身长133厘米，两袖通长219.5厘米，下摆宽103厘米

直领，对襟，阔袖，裾左右开，衣长及膝。衬白素绸里。镶白缎领，胸前钉蓝缎带两条，通体绣松鹤纹，寓意“松鹤延年”。一株挺拔的松树贯穿全身，枝干上仙鹤伫立，树旁仙鹤回首展翅。四周衬以兰花、月季、竹枝及湖石等纹饰。老旦帔多为戏曲中老年贵妇之便服，其纹饰采用双圆金与孔雀羽线绣成，具有金翠交辉的艺术效果。（曹连明）

《状元媒》戏中柴郡主所穿宫衣

《升平宝筏》戏中孙悟空所穿猴靠

晚清时期升平署的宫廷戏曲乐队

结语 | Epilogue

从漱芳斋的东门而出，就是紫禁城中轴线上的御花园。在此向西回望，重华宫及其东侧的漱芳斋、西侧的厨房，三个院落虽然规模不大，但却浑然一体，功能完备。

红墙黄瓦，静待岁月自不言。重彩朱扉，往事烟云谁与诉?

为传承发展中华优秀传统文化，向世人展现从未对外开放的重华宫，我们“系统梳理传统文化资源，让收藏在禁宫里的文物、陈列在广阔大地上的遗产、书写在古籍里的文字都活起来”。通过对不可移动文物的实地考察，对可移动文物的搜集甄别，对古籍文献的查阅研读，我们发现：重华宫不仅是一组严整有序的宫殿建筑，还陈设有华丽精巧的生活器具，更居住着耳熟能详的帝王后妃，举行过雅致有趣的文化活动，充满了温情爱意与雄心壮志。

风云壮禁城，藏中华精粹于斯为盛。沧桑重华宫，展清朝皇家风采神韵。

At the east gate of Shufang Pavilion, the Imperial Garden on the central axis of the Forbidden City will draw the eyes. Looking back to the west, Chonghua Palace and Shufang Pavilion to its east, and the kitchen to its west, each on a modest scale, are well integrated, harmonizing with one another's facades.

Red walls and yellow tiles sit silently to witness time. Behind the color eaves and red gates, no one can recount more stories slowly consumed by time.

In order to inherit and develop traditional Chinese culture, we provide visitors with the opportunity to experience the forbidden Chonghua Palace. "The traditional cultural resources are systematically sorted out to make the relics collected in forbidden palaces, the heritage displayed on the vast land and the characters written in ancient books alive." By investigating the immovable cultural heritage, collecting the movable cultural relics, and referencing ancient tomes and documents, we finally concluded that Chonghua Palace is not only an orderly arranged imperial building, but also the furnishings decorated with luxurious and exquisite appliances, where the well-known emperor and his concubines lived, interesting cultural activities were organized, touching emotions and lofty aspirations were fulfilled with.

The marvelous Forbidden City prospers by accumulating the essence of what China is, while Chonghua Palace painstakingly manifests the Qing Dynasty's imperial customs and charms.

重华宫位于紫禁城御花园之西，西六宫之北，距离神武门不远。整个宫殿院落坐北朝南，其正门曰重华门，门前有一条东西向的巷道。打开重华门，迎面而来的是一堵木构照壁，绕过照壁便是重华宫的前殿庭院。

前殿名崇敬殿，其面阔5间，进深3间，黄琉璃瓦歇山式顶，前檐接抱厦3间，明间和东、西次间均开古钱纹菱花隔扇门，稍间为槛窗。殿前左右各置两个石墩，其上均放铜香炉。东西两庑各为一配殿，殿前均置一铜水缸。崇敬殿东西两侧均有过道，通往正殿庭院。

正殿名重华宫，其面阔5间，进深1间，黄琉璃瓦硬山式顶，前檐接抱厦3间，明间开门，余皆为槛窗。宫前左右各有一铜水缸。东、西两庑各为一配殿，东是葆中殿，西是浴德殿，殿前均有两石墩，上置铜香炉。庭院内东、西两侧各有井亭1座，但仅东亭内有井。重华宫东西两侧均有过道，通往后殿庭院。

后殿名翠云馆，其面阔5间，进深1间，黄琉璃瓦硬山式顶，明间开门，余皆为窗。馆前左右各置一石墩。庭院面积窄小，前方靠近重华宫处有三个石墩，上置铜香炉。东、西两庑各为一配殿。

漱芳斋位于重华宫院落的东侧，两者原有门道相通，但现已封闭，故需绕至御花园西侧进入。漱芳斋由前殿、后殿和大戏台构成。前殿和后殿之间有穿堂相连，平面呈工字形，皆黄琉璃瓦硬山式顶。前殿与两侧的东、西配殿和对面的南房围成独立院落，其间有转角游廊相通。院内南侧正中建有紫禁城内最大的单层戏台。目前，漱芳斋内部装修及陈设保存较好，为清代中期至晚期的风貌。

重华宫院落的西侧也是一组三进院落的建筑，习称重华宫厨房。因各种客观条件限制，未能进行实地考察。但从地图、照片和文字记录上看，其建筑规模和格局与重华宫院落相当，但细节上应当有别，未见建筑有正式名号。

四、展品遴选

文物（主要指可移动文物）是展览的物质基础。在搜集、研读文献资料并熟悉展览主题下的具体内容后，应尽快选定文物展品。展品的遴选需考虑诸多因素或条件，一是要尽量满足主观需求，二是不能超过客观限制。

主观需求，首先是文物展品必须符合展览的主题背景，乃至细节内容。具体包括四个层次：一是能够确认在重华宫建筑群里陈设过的文物；二是含有“重华宫”“崇敬殿”“乐善堂”“芝兰室”“抑斋”“古香斋”“翠云馆”“长春书屋”“漱芳斋”“宝亲王”“长春居士”等字样的文物；三是与乾隆皇帝（主要是其青少年时）及其后妃、皇太后有关的文物；四是与茶宴联句（茶具、诗、画）、清宫戏曲（戏服、剧本、绘画）有关的文物。其次是符合主题内容的文物还需根据其类型、材质、工艺和艺术价值进行初选。本次展览是历史文化类的综合性展示，因此文物展品的类型、材质和工艺应当尽可能丰富，在有重复或类似的情况下选择其中更加精美者。最后，展品的遴选还要考虑到内容架构的需要，合理地对展品进行调配或增减，不能顾此失彼。

展品遴选的客观限制因素主要包括文物自身情况、展厅和展柜、筹展经费等。文物的自身情况需要考虑：一是文物的珍贵程度，是否可被外借展出；二是文物是否正在修复、保养或已被展出；三是文物的安全性能（脆弱程度）是否满足包装、运输和布展、撤展的需求；四是文物在布展、撤展时的操作难度，一些太大太重或难以固定者都不宜展示。拟用展厅呈正方形，具体分割可根据主题内容安排，展柜有多种规格，展厅面积和展柜总数量能够满足一个中型文物展览的需求。而筹展经费也在很大程度上决定着展示文物的多少。

通过广泛搜集和初步筛选，满足主观需求的文物有约200件（套），再考虑文物自身情况和展厅展柜条件，又将拟展文物定在100至110件（套），最后根据筹展经费多少将文物删减为88件（套）。经过千挑万选后的“重华宫”文物展品，绝大部分为清乾隆时期，其种类多样，内涵丰富，工艺精湛，美不胜收。

“乐善堂的陈设”复原场景

五、展示思路

“重华宫”这个主题当然可以有多种不同的展览思路，如可按其发展演变顺序划分内容，也可从居住者来讲述事物，还可突出其使用功能。但根据现有原始资料和研究认识，考虑到分类标准的一致性，以及弱化“乾隆皇帝”避免雷同的需要，我们决定以重华宫建筑群自身的空间格局作为展览的思路。

对不可移动的建筑进行展示，最理想的方式当然是让人直接参观建筑实体本身。游客在紫禁城游览已对外开放的宫殿建筑时，一定是遵照建筑本身的空间格局来安排游线，从而对参观对象进行认知。重华宫建筑群属特殊情况，目前无法对外开放，只能采用异地展览的方式呈现。那么在展览中，展示的思路仍然应当根据宫殿建筑的空间格局来安排，这才最能符合普通观众的认知规律。

根据前期资料研习和实地考察，重华宫建筑群分为东、中、西三个独立院落。中间重华宫院落内有三座主体建筑：崇敬殿、重华宫、翠云馆；东侧漱芳斋院落内有两座主体建筑：工字形的前后殿、大戏台；西侧院落与中间院落相似。再考虑到其历史文化内涵的丰富程度（尤其是有无正式名号），以及相应文物展品的多寡，这些建筑能够作为主要展示对象的只有崇敬殿、重华宫、翠云馆、漱芳斋。

重华宫建筑群占地面积不大，以往从未开放，普通观众未曾听闻，甚至它地处何处，恐怕一般人都很难知晓。因此，这需要先对重华宫建筑群进行总体介绍，使观众有一个从熟悉事物逐渐过渡到陌生事物的认识过程。所以，我们在展览的开始应有一个从宏观到微观、由浅及深的内容安排，即从京畿地区开始，再来到北京城，然后走进紫禁城，最后到达重华宫。

崇敬殿、重华宫、翠云馆、漱芳斋是本次展览的主体对象，具体内容应当充实丰富。根据认识规律，我们采用先具象再抽象，从物质到人事的思路，每组建筑应当先后展示其如下具体内容。第一，介绍建筑庭院的外观情况。第二，介绍建筑的内部格局和装修。第三，重点展示主体建筑内最重要的一个空间，其又可分为得名和陈设两部分，崇敬殿是其中间的乐善堂，重华宫是其东部的芝兰室，翠云馆是其东次间长春书屋，漱芳斋则是其后殿。第四，与主体建筑或重点房间有关的重要人物及相互关系。第五，这些人物所产生的志趣、情感、行为、活动等。以上是理想状态，还得根据每个主体建筑的具体情况微调，例如崇敬殿和重华宫室内装修的资料很少，所以只有用崇敬殿的东西暖阁和重华宫的东西配殿分别替代；又如漱芳斋的大戏台是特殊的建筑类型，需单独介绍。

六、展厅空间

文物展品和历史文化信息，需要在展厅空间中有效地表达出来，这其中最关键的就是空间平面设计。它关系到展览逻辑是否合理，参观游线是否顺畅。它既是形式设计的基础，又是内容策划的重要组成部分。空间平面设计具体包括：展厅单元划分、展柜展区和版面图文的安排。

成都博物馆一层特展厅平面呈正方形，入口朝南，出口朝东，已经固定，有的通道因安全需要，亦无法改动。整个展厅根据内容架构，划分为五个单元，其参观的先后顺序必须是“重华宫概貌”“崇敬殿”“重华宫”“翠云馆”“漱芳斋”，以符合重华宫建筑群空间格局的客观实际。在五个单元中，除“重华宫概貌”可以较小以外，其他四个单元的面积应该大致相当。经与形式设计充分沟通后，展厅空间平面具体安排如下（参见“走进重华宫”特展展厅平面图）。

一单元“重华宫概貌”。展厅入口西壁为展览标题“走进重华宫”和绪言，东壁为三幅大型地图，引导观众由宏观到微观地走进重华宫。再往里为一单元展厅东壁，使用《崇庆皇太后万寿图》卷的尾段作壁面装饰，营造出从北京城进入紫禁城再到后廷宫殿的氛围。西壁为“重华宫的位置和格局”“重华宫的命名和使用”两处图文版面，介绍重华宫建筑群的总体情况。展厅中部的两个展柜为此版面而设，分别放置文物“重华宫宝”玉玺和《御制重华宫记》玉册，起到统领整个展览主题的作用。

二单元“崇敬殿”。该展厅东壁先为“崇敬殿外景”图文版面，后为“东暖阁和西暖阁”版面和展柜。南壁先是“乐善堂的得名”的版面和展柜，再是“新正茶宴联句”的版面和展柜。此外展厅中部的两组展柜亦为展示茶宴联句的茶具、诗拓等文物。展厅西壁的中间展示“乐善堂的陈设”复原场景，为裸展区域，包括围屏、宝座等重要文物。场景两侧为“参加茶宴联句的部分宗室大臣”版面，共展示16位重要的皇亲国戚及满汉将相、文坛巨擘。展厅东北部的转角壁面与本单元的主游线相逆，故安排“乐善堂收藏的绘画”版面，既能作为内容的补充，也可装饰展厅，是展览游线的辅线。

三单元“重华宫”。该展厅南壁西侧为“重华宫外景”图文版面。西壁东侧先为“葆中殿和浴德殿”版面，然后中间为“芝兰室的得名”版面，北侧则为“旧剑不能忘”版面，反映乾隆皇帝和富察皇后的深厚情谊。展厅北壁一段为芝兰室场景复原的裸展区域，另一段为文物展柜，共同构成“芝兰室的陈设”，包括围屏、插屏等重要展品。展厅中部展柜两侧各有一组文物，其中南侧为乾隆帝后的画像和朝冠，属“旧剑不能忘”的内容，北侧的文物则是“芝兰室的陈设”器具。展厅东部的一组展柜均展示后妃使用的饰品、物件，它们与东壁北侧版面上的图文表格共同构成“曾在潜邸居住的宝亲王及其福晋和格格”。展厅东南部的转角壁面与本单元的主游线相逆，故安排“重华宫收藏的绘画”版面，既能作为内容的补充，也可装饰展厅，是展览游线的辅线。

四单元“翠云馆”。该展厅西壁北侧为“翠云馆外景”的图文版面。北壁先为版面“翠云馆内部格局”，接着是版面“长春书屋的得名”以及用来表现“长春书屋的陈设”的文物展柜，再最后是“宿学之所安”的展柜和版面（含展厅东壁的西侧部分），用以展示乾隆皇帝少时的读书学习情况。东壁中部的版面和展厅中部的部分展柜为“珍藏御赐物件”的内容，用以表现少年时的乾隆皇帝与康熙、雍正二帝的密切关系。展厅中部的其他展柜和裸展区域，以及东壁南侧的展柜均用以展示“翠云馆的陈设”器具，包括围屏、挂屏等大型文物。展厅西南部的转角壁面与本单元的主游线相逆，故安排“长春居士鉴藏的绘画”版面，既能作为内容的补充，也可装饰展厅，是展览游线的辅线。

五单元“漱芳斋”。该展厅北壁西侧为“漱芳斋外景”的图文版面。西壁的北侧先后为版面“漱芳斋前殿内部格局”和版面“漱芳斋后殿内部格局”。西壁的中间和展厅中部靠前为“侍奉人后进膳”的版面和文物展柜，表现乾隆皇帝对其母亲崇庆皇太后的恭敬孝顺。从展厅中部靠前进而来到展厅西壁，北侧先为版面“漱芳斋大戏台”，中间继续用版面讲述“帝后喜好观戏听曲”。中部靠后的展厅两侧，分别用双面展柜陈列当时宫廷演戏所穿戏服。展厅西壁的南侧和南壁的大部分空间安排“清宫收藏的戏画”版面，既能作为内容的补充，也可装饰展厅，营造戏曲氛围。南壁的尾部为展览结语。

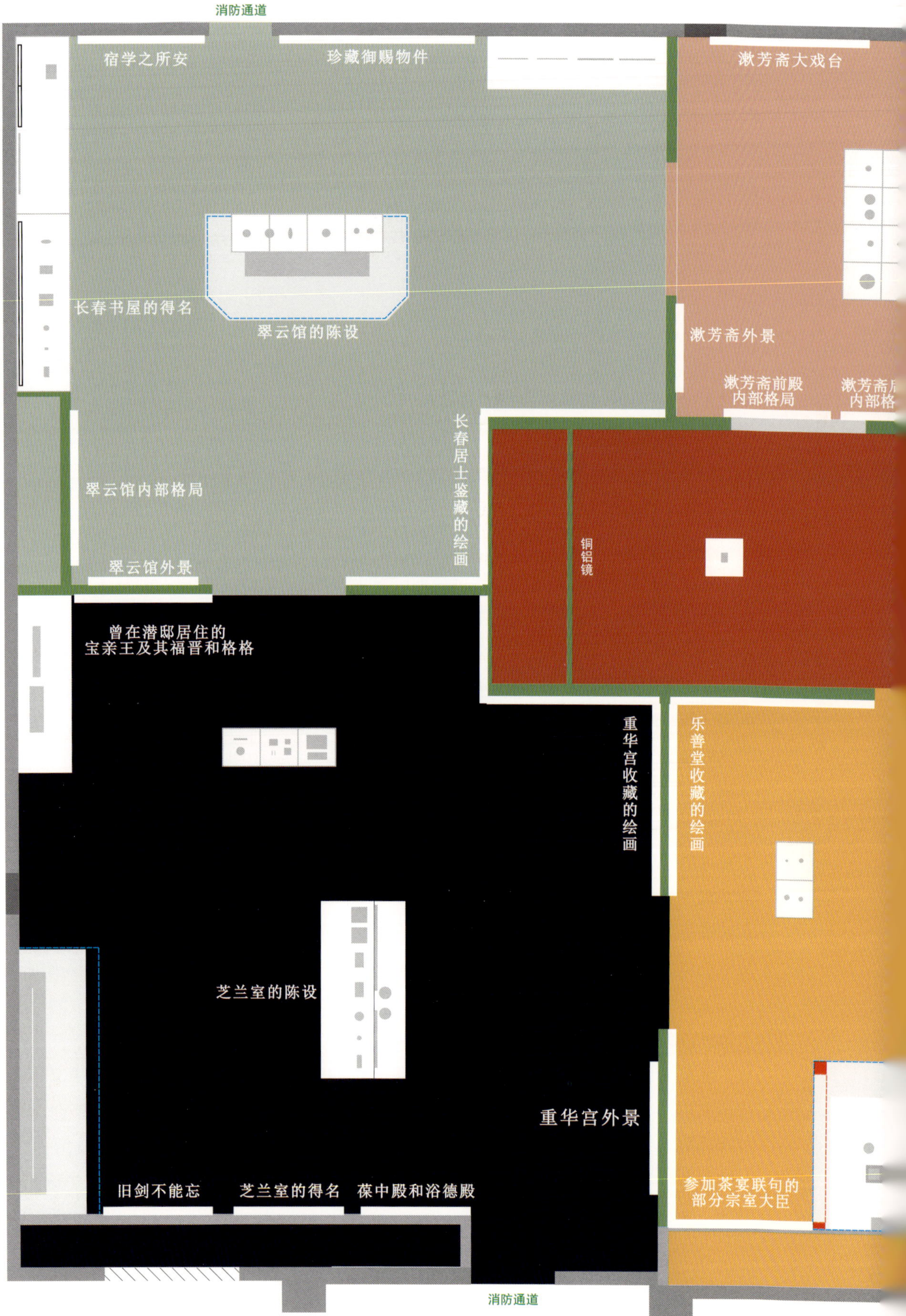
消防通道
宿学之所安
珍藏御赐物件
漱芳斋大戏台
长春书屋的得名
翠云馆的陈设
漱芳斋外景
漱芳斋前殿
内部格局
翠云馆内部格局
长春居士鉴藏的绘画
铜铝镜
翠云馆外景
曾在潜邸居住的
宝亲王及其福晋和格格
重华宫收藏的绘画
乐善堂收藏的绘画
芝兰室的陈设
重华宫外景
旧剑不能忘
芝兰室的得名
葆中殿和浴德殿
参加茶宴联句的
部分宗室大臣
消防通道

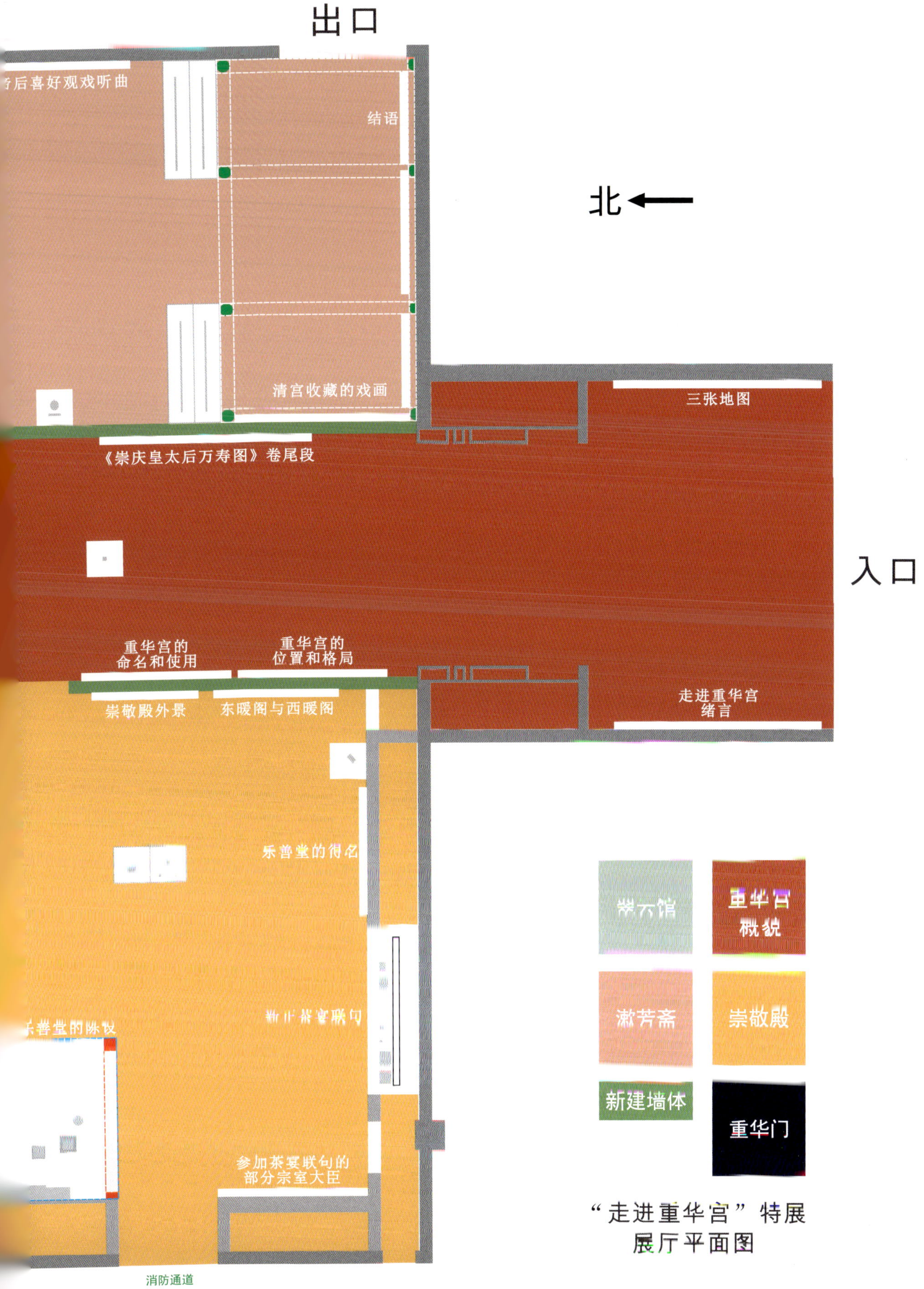

“走进重华宫”特展展厅平面图

七、内容制作

展览思路及其层次构架在展厅空间平面上确定好后，即进入具体的内容制作。本阶段是将前期的各项内容筹备最终正式呈现出来，包括版面和展签两大内容载体。其中版面为表现某一主题，必须有图像和文字，所以又可细分为选图、制图、制表、撰文等具体工作。

选图必须先得搜集图片，这在文献搜集和实地考察阶段就得打好基础，多多益善。如发现对主题、内容乃至展厅装饰有用的图片，应当及时保存、扫描和电脑处理。图片类型主要包括建筑实景照片、器具类文物照片、书法绘画作品、古籍书影、地图、建筑平面图等。其中建筑实景照片多是实地考察时拍摄。经过前期广泛搜集，备用图片已达成百上千张，但究竟使用哪些，还需依据内容相关程度、精美程度、清晰程度、版面大小四个标准择优而定。经过层层筛选，最终呈现在展厅版面上的图片共计两百余张，尤以各种类型的绘画居多，其次是建筑实景和器具类文物照片，再次是书法和古籍书影。图注文字在初始阶段均标明文物的原始信息，但在制作阶段，因为展示内容的需要，很多则被改为描述其历史文化内涵。

制图是因为内容需要而进行的图像创作，具有创新性。就本次展览而言，即清京师附近地图、清京师地图和重华宫建筑群平面图。在资料搜集过程中，已经发现有少量的类似图片，但其内容的相关性、准确性、繁简度以及图片的清晰度、精美度无法满足展览需求。所以，这类图片需由内容策划人员与形式设计人员共同创作。而像清京师附近地图这种专业性很强的地图，我们更是邀请地图出版社的专业人员绘制。

制表是因为内容需要而进行的表格创作，具有创新性。就本次展览而言，即“参加茶宴联句的部分宗室大臣”和“曾在潜邸居住的宝亲王及其福晋和格格”两处版面内容。两者的特点都是涉及人物众多，每人又有不同的具体信息。乾隆嘉庆时期，参加过茶宴联句的大臣甚多。但因版面有限，不得不以人物是否有清代彩色画像、画像图片是否清晰精美、历史功绩或知名程度大小作为标准，进行大量删减。

撰文即撰写绪言、组说明和结语的文字。由于本次展览的对象是建筑，又以空间格局为展览思路，所以单元标题下无需再有累赘的文字介绍，换为展示对象的平面图，反而更能形象简洁地说明内容。

绪言和结语的文字非常重要，但字数不能过多，须高度凝练且通晓畅达，一般各300字左右。绪言应从普通观众熟悉的紫禁城谈起，通过转折和对比，过渡到陌生的展示对象重华宫，进而突出本次展览的最大看点和价值所在。绪言还应当点明展览的基本信息，如文物数量、主要内容。结语需先“从宫里出来”，进行“回望”总结，从而点明筹展的指导思想，拔高展览的主题立意。绪言和结语可以采用一些修辞手法，以增强文字表达的感染力，或可激发观众在参观前的兴致，或可使观众在参观后有更加深刻的记忆和强烈的共鸣。

组说明文字是具体内容的表述，需条理清晰且言之有物，但忌长篇累牍，冗词赘句，每组一般在100至200字。说明文字中不能大段引用诗词和古文，如确有重要者需要表现，应在版面中作为图片形式（如书影、书法）处理。

展签，又称展品说明牌，其文字内容均由故宫博物院各位专家撰写提供。由于文物展品体量有限，展签不能做得太大，字号亦不能太小，所以在最后制作时，说明文字经过梳理和削减。

此外，版面和展签上的生僻汉字均标注拼音，重要文字（展览标题、绪言、单元标题、结语、展品名称）需翻译为英文。版面和展签最后还需图文校对、汉英校对，仔细检查，确保内容无误。

八、展览效益

经双方策展人员通力协作，文物布展于9月底完成，展览的整个筹备工作圆满结束。“走进重华宫”特展对外开放后，成都博物馆还邀请故宫博物院古建筑、清宫史等领域的专家来蓉，举办了多场配合本展的公众学术讲座。

作为世界文化遗产明清故宫的有机组成部分，重华宫长久以来不为世人所知。本次特展主题鲜明，层次清晰，文物精美，设计贴切，而且部分展品和版面内容颇“接地气”，为广大观众喜闻乐见。展览一经开放，便吸引了大量观众络绎不绝地前来参观，得到广泛好评。在两个月的展期里，参观总人数达46.6万余人次，国庆七天期间更是创下单日突破3万人次的纪录。

重华宫是中国现存少有的古代皇帝“潜邸”实物遗存，同时也是清代宫廷文化的重要载体。但它并未引起学术界的足够重视，以往有关研究并不算多，仅有一些论文对局部问题做过探讨。本次特展尽力尝试对重华宫进行系统的梳理与合理的呈现。展览内容虽然包含一些粗略的研究创见，并得到有关学者的认可，但更希望能够起到抛砖引玉的作用。

早在2013年底，习近平总书记就提出，“系统梳理传统文化资源，让收藏在禁宫里的文物、陈列在广阔大地上的遗产、书写在古籍里的文字都活起来”。本次特展以明确实在的不可移动文物为基础，通过广泛的可移动文物和可靠的文献资料相结合，在主题上进行深度挖掘。展览以宫殿建筑的空间变化为明线，以其不同的使用功能为暗线，从“物”中解读出“人”和“事”，实现了明线与暗线的有机结合，达到了透物见人见精神的目标。

“走进重华宫”特展充分发挥出博物馆展示艺术精品、促进学术研究、传播优秀文化的职能，获得了良好的社会效益。

意境重现——“走进重华宫”特展展陈设计构思

范　犁　　戴媛媛

2019年10月1日至12月1日，在新中国成立70周年到来之际，由成都博物馆与故宫博物院联合举办的“走进重华宫”特展在成都博物馆一层特展厅隆重展出。

改革开放40载，如今的故宫向着新时代敞开大门，迎接来自四面八方的观众，但其中仍有许多宫殿至今宫门紧闭，等待着向世界展示它们累积数百年的厚重底蕴与历史内涵。乾隆皇帝的潜邸“重华宫”便是其中之一。本次特展以重华宫建筑群的空间格局为基础，使用功能为线索，展现了乾隆皇帝年少时居住、学习、成长的地方，力求从“人”和“物”两个方面展现这座充满着雄心壮志与脉脉温情的皇家宫殿，呈现少时乾隆的生活起居和精神世界。

一、设计思路

本次特展是成都博物馆第二次策划以“故宫”作为展览主题的临时展览，相对于三年前“盛世天子：清高宗乾隆皇帝特展”而言，这次的“走进重华宫”特展着眼于紫禁城中西北角的一座从未对外开放的宫殿——重华宫。这座宫殿虽然在建筑规模上比较小，但它严整有序，并且承载着乾隆皇帝一段独有的成长历程。因此在形式设计上如何做到不雷同、不失彩，是此次设计成功与否的关键。

首先在于宫殿场景复原的方式。区别于上次展览真刀真枪的场景复原方式，我们提出了“写意式场景复原”的思路，这种更加现代化的表达方式让观众既沉浸其中，又有广阔的想象空间；其次，对于逾千平方米的展厅而言，88件（套）的展品数量不算充足，但都经过策展人精心挑选，展品类型丰富、材质多样，并且和重华宫本身有丝丝缕缕的内在关联。展陈设计时认真梳理和理解展品关系，结合意向场景“组团式”排列文物展品，是本次展览设计的又一重要思路；最后，空间布局上我们紧紧抓住建筑空间与人物故事相结合的思路，用精彩的历史故事充实和活化宫殿建筑，主线与辅线同时推进，揭秘这座清代宫殿中发生的君臣交往、帝后温情、皇家生活和母子情谊。

二、空间布局

空间布局是形式设计的关键，合理的空间分布对突出展览主题和串联板块逻辑有重要意义。本次展览位于一层特展厅，展厅面积1080平方米，高度6米，是挑高宽足的矩形空间。展览布局紧紧围绕重华宫建筑群展开，以崇敬殿、重华宫、翠云馆、漱芳斋四处建筑群的格局为基础，以各宫室的功能为线索，将展厅切割为五个板块，全面展示皇室生活和优秀传统文化，帮助观众感知重华宫丰富而独特的历史故事。

利用展厅中新建的4.5米高隔墙，将内部空间划分为永巷（序厅）、崇敬殿、重华宫、翠云馆、漱芳斋五个单元，引导观众参观。二至五单元采用了重华宫三进院落的实际路线，呈现出与建筑相符的递进关系。这种布局一是强调展览标题“走进重华宫”中“走进”二字的动态性；二是为连接各单元间的逻辑关系，保证主题在空间表达中的连贯性。

为符合紫禁城中各宫殿肃穆中正的格局，每个单元内重点展示区域都采用对称式布局。在保证单元门头和重点展示区域中心对称和参观展品线路合理的情况下，观展游线分为主、辅两条（图1）。

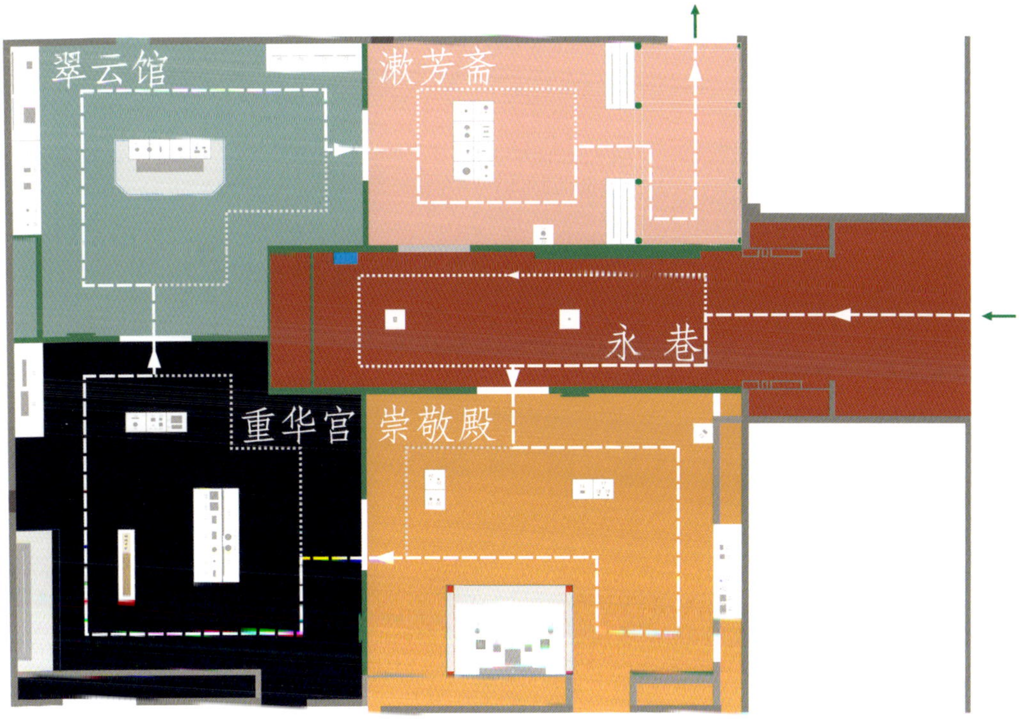

图1　“走进重华宫”游线图

图2　第二单元“崇敬殿”的主线

图3　第二单元“崇敬殿”的辅线

主线为观众从故宫红墙黄瓦中逐渐步入重华宫，并对宫殿概况有初步了解后，再依次进入重华宫内4处建筑群，最后穿过漱芳斋戏台离开重华宫的整个游览过程；辅线则是以重华宫四处建筑群内的书画收藏作为展厅氛围陈设。由此，观众可在形式工整的展厅中感受故宫的庄严大气，亦可沿游线欣赏所有展品，更可以随场景变换，自由感受乾隆皇帝曾收藏或临摹于重华宫内的传世书画（图2、3）。

在这里，展厅不仅是容纳展品的空间，还借与建筑空间的对应关系形成了特有的宫殿空间的氛围营造，为观众参观提供了沉浸体验的效果。

三、写意式场景复原

（一）设计概述

本次展览仅对重华宫中乐善堂使用了1：1的场景复原形式，对于永巷、重华宫宫门、芝兰室卧榻、漱芳斋大戏台都使用了“写意式”场景复原的方式，这种抽象的复原方式具有以下优势：

图4　中轴线处理的展厅空间

第一，能够留给观众如梦如幻的、无限遐想的空间。由于此次展览选题为古代建筑，为尽可能切合主题，在设计之初势必会选用场景复原的陈列形式。我们在单元空间中或单独采用具有还原性的视觉元素，或与陈列物品组合，或配合以科技展项，打造出“写意式”场景复原，其意义在于能对重华宫部分重要内景予以直观展示，让观众置身于场景之中，达到身临其境的效果（图4）。

第二，可以巧妙回避展陈实施中一些客观因素的不足。由于经费、文物安全、运输等因素，适用于较大型场景复原的文物不便于运输至成都博物馆，并且部分展品信息不足，无法支撑某些场景的还原。另外，由于重华宫尚未整修完毕，无法获得建筑及其内部的高清图片，也就无法用高清环幕投影、写真喷绘复原等方式来完成建筑实体体验与感受。同时，本次展览的施工布展时间较短，仅有18天，除去布展5天，灯光调试与保洁2天，留给施工的周期仅有11天，时间短任务重，不足以完成多处场景的实体搭建。

在设计之初，我们将重华宫的原建筑布局简化，模拟从永巷至崇敬殿、重华宫、翠云馆，再自漱芳斋戏台东出，离开重华宫建筑群来到御花园的完整参观路线。展厅内概念性复原路线复制重华宫建筑群真实的场景路径，最终，在展览的整个空间布局上完成了一次写意的复原。

（二）具体表现

1. 永巷蒙太奇

在永巷的场景复原中，我们使用了“蒙太奇”的拼接手法。细长的红色空间中，文物展品、图轴长卷、故宫四季风景投影、镜面装置、抽象的宫门等设计元素，共同拼贴成意象中的“永巷”。这样的设计与中国画力求神似的画意类似，使观众身处展厅，亦能感受漫步于紫禁城内的永巷之中，有回溯百年的穿越之感（图5）。

第一单元整体设计成重华宫正门外东西走向的红色永巷，与实际进入该建筑的格局相符。长长的红墙，既营造故宫原始建筑的氛围，也让观众在走进“重华宫”前，先通过红墙上的图版了解重华宫的位置和格局，充分准备、沉静心态，投入到此次的观展之旅中。

第一单元里将“碧玉交龙纽重华宫宝”和“青玉曹文填书《御制重华宫记》册”用独立柜展示，以起到提纲挈领的作用。为隐藏安防设备，这两处独立柜上分别安装了氛围纱幔，同时也有提升该展区视觉效果的作用。除独立柜里的两件文物外，通道左右两侧设置了真假两道宫门，一道是可进入参

图5 第一单元“永巷”设计效果图（左）与展厅现场照片（右）

观的真门——重华门，一道则为用于氛围营造、打卡拍照的假门。“真假门”和红墙上PVC板雕刻的黄色琉璃瓦增添了建筑氛围的宫墙感。“永巷”的尽头是用镜面纸贴成的一整块镜子，利用镜面的反射，延伸了通道的视觉深度。另外，镜面的设计也迎合了乾隆时期盛行的使用镜子调整自我、整顿衣冠的风尚。

为了突出“走进重华宫”这一主题，在入口左侧的墙面上依次设计了清京师附近地图、清京师地图、紫禁城平面图，再到进入一单元红墙上的重华宫平面图，从地图范围上由大到小“走进”重华

图6　印象重华门设计方案一（上）和设计方案二（下）

宫。一单元红墙的右侧则是“崇庆皇太后万寿庆典”图轴第四卷《兰殿延禧》的仿制品，画中再现了清朝人物从宫外走进宫内的热闹场面。长卷上方缓慢有序地播放故宫四季的美景，增强“走进”重华宫的代入感。

2. 印象重华门

由于拍摄地点的限制，我们无法获得重华宫宫门的正面水平视角的高清画面，可在这里我们必须完成重华门场景的还原。我们尝试了多种写意的方式，想给观众带来一个印象中的重华门（图6）。经过反复试验与推敲，我们最终选用了方案二，即将不同角度拍摄的各处类似的宫门、宫墙的局部细节调整至正面水平视角，并拼接成一体，再利用不同的板块厚度和边缘灯光，叠加出丰富的层次感，完成了这处关键场景的复原。重华门斜对面略小的宫门，也运用了这种方式制造出小门微掩，待人开启的即视感，它与重华门相呼应，共同形成了永巷场景中最关键的设计。

各单元的门头设计起着划分单元空间的作用，我们从故宫建筑的门板上提炼出红、黄、黑三色，抽象组合成简单的连续矩形纹饰，与主门头的矩形体块呼应，简洁且有力地表现出故宫建筑特点（图7）。

图7　各单元门及展墙色块

3. 夸张的人物肖像

在展厅中，我们采用激光雕刻出部分相关人物的大型肖像。夸大的人物肖像可以强调历史人物在建筑中的存在感，这些用激光雕刻的人物形象，或曾经在重华宫生活，或参与过重华宫重要活动。他们的形象不仅能给观众极强的视觉冲击力，也加深了对展览信息的传达力度。

例如，二单元崇敬殿主要展现乾隆与大臣们茶宴联句的历史事件。设计时，将乾隆的宝座间正对该单元入口，彰显皇权贵气。宝座间左右两侧的图版做茶宴联句关键人物的简介，而围绕在四周墙面上的是策展人精选出的出席茶宴联句的代表人物——董诰、和珅、阿桂、福康安的肖像。展厅中央陈列“《御制三清茶诗》盖碗”、执壶及“乌金拓《三清茶联句》诗册”等，意在用写意的形式简化布置一个臣子团聚将乾隆包围在宝座间，众星拱月、吟诗作对、谈笑风生的历史场面。场景写意而非场景还原的方式，留给观众无限的遐想空间。

同样采用这个方式的还有第三单元重华宫的设计。这个单元以展示乾隆与富察皇后的夫妻关系为主要线索，单元入口处为并置的清人画《乾隆皇帝朝服像》轴和《皇后富察氏朝服像》轴，点明本单元的主题。顺着画像轴展柜的右侧墙面图版，则是与之对应的“芝兰室得名”和“旧剑不能忘”版面。墙面图版上方，用PVC板雕刻青年乾隆、富察皇后及曾同住潜邸居住的后妃的放大画像。本单元内设计有芝兰室的局部场景还原，展示了重华宫内的装饰摆件及后妃们使用的项圈、扁方、头花、团扇、指甲套等饰品。这种种元素构成了乾隆少时居住的重华宫中脉脉温情的画面。

图8　“乐善堂”两侧大臣激光雕刻像

图9　第三单元“重华宫”展厅现场图

4．步入漱芳斋戏台

漱芳斋大戏台为紫禁城中现存最大的单层戏台，在展厅排布上，漱芳斋戏台场景复原是最后一个单元的关键，也是展览的结尾，需要给观众留下深刻的印象和驻足思考的空间。在构思如何呈现出漱芳斋戏台热闹喧嚣的舞台效果时面临以下问题：首先，展厅空间的层高无法实现同比例还原漱芳斋大戏台；其次，若是缩小比例还原，整个戏台在展厅中显得局促狭小，反而与设计中计划呈现的效果南辕北辙；最后，由于缺少清代，特别是乾隆时期漱芳斋表演戏曲的文献资料和图片信息，无法还原这一戏台上曾有的盛况。

由此，我们采用局部写意的还原方式，与整个展厅写意式场景复原的空间设计方式整体呼应。具体方式为，放弃完整戏台搭建，仅提取戏台核心区域的暗绿色实木柱体、宝蓝底色上绘连续纹饰的横梁和戏台独有的楹联，合成局部的意象性原大戏台空间，让观众可以步入其中。戏台旁设置了双面文物展柜，展出了四件精致的清代戏服，当观众步入漱芳斋戏台，观賞陈列在柜内的戏服和墙面上激光雕刻的热闹戏画，阅读展览结语，驻足在此思考乾隆戏剧一生的重华宫光景（图10）。

图10 写意式还原漱芳斋戏台局部

四、色彩选择

展览中的色彩往往能对展览内容起到强调与引导的作用，本次展览通过冷暖色调的搭配，烘托出各版块所要表达的人物关系、历史信息等。

（一）色彩概述

根据展览每个单元的内容主题和空间功能，我们从展品和建筑元素中提取了代表性的色彩作为每

图11　第三单元“重华宫”展厅现场图

个单元的主题颜色：第一单元序厅正红色，第二单元崇敬殿姜黄色，第三单元重华宫青黛紫，第四单元翠云馆烟云绿及第五单元漱芳斋胭粉色。为了空间表现的丰富，每个单元还选择了与主色调对应的辅助色，在单元空间中小面积使用（图11）。

故宫原始建筑的通道两侧是红墙，展厅门头主视觉及步入重华宫的通道为正红色，保留原始建筑本体的视觉记忆，充分体现尊重古建原貌的基本展览设计原则。

红色与黄色是故宫建筑使用面积最大的颜色，能代表故宫在公众中的普遍印象。每一个单元的门头就是将门框的形状提炼、简化，饰以红黄两色。在序厅永巷的设计中，也运用了红墙黄瓦。我们在采用这两种色彩时，并没有完全照搬故宫红墙和黄琉璃瓦颜色，而是在这两种色彩的纯度及明度上有所降低，使用的颜色沉着与展厅的光影环境合为一体，不影响文物展出效果。

（二）具体表现

每个单元的文物摆放依据策展人员提供的展览内容为蓝本，单元标题是每个宫殿的名称。在展厅设计方面，我们希望在展示每个殿内主要文物的同时，借布局、陈列、色彩等形式手段展现少年天子的故事，营造君臣、夫妻、母子等之间的情感氛围。

崇敬殿整个单元背景墙面主要使用姜黄色的珍珠布，彰显皇族之气。布面打印刘墉书《御制重华宫记》的暗纹，营造茶宴联句氛围。并且崇敬殿展厅的姜黄色与乐善堂场景的红色和墙面激光雕刻的大臣肖像的蓝色，共同组成和谐的三原色（图8）。

重华宫单元为营造帝后间的私密夫妻关系，选用了偏紫的青黛色，打造幽静、典雅的居住环境。青黛色背景与激光雕刻的帝后妃嫔的黄色朝服像以及浅黄、乳白色的图版形成和谐对比（图9）。

翠云馆是乾隆休息独处、阅读练字的地方。为展现清丽素雅的书房环境，整个墙面色我们选用烟云绿——烟云缭绕，绿意盎然，带一点灰度的绿色更加厚重，有着绿色的活泼，又能让人心神宁静。墙面同第二单元一样，使用烟云绿的珍珠布，布面打印浅色线条勾勒的“养云”“墨池”两处门框及牌匾的线条，突显乾隆的闲情逸致（图12）。

最后一个单元漱芳斋，主要讲述皇帝敬孝与戏曲表演的温馨热闹场面。以胭粉色作为墙面颜色，其温馨淡雅的粉色调能展现母慈子孝的浓厚情感（图13）。

图12　第四单元“翠云馆”展厅现场图

图13　第五单元“漱芳斋”展厅现场图

五、展柜改造

成都博物馆一号特展厅内有两个专门定制的超高书画展柜，该书画展柜原本是第一次故宫展——“盛世天子：清高宗乾隆皇帝特展”时为《乾隆帝朝服像》轴和《孝仪纯皇后朝服像》轴所定制的长4000毫米、宽1200毫米、高5500毫米的精品书画柜。本次展览在梳理展品与空间关系时，按照参观游线需要，该展柜被安排放置的7件文物几乎全是体积微小的宫廷工艺品，其中最大的只有长205毫米、宽117毫米、高140毫米的“红地金彩缠枝莲纹书式金钟笼”。在庞大的展柜中，这7件做工精湛、古意盎然的精美文物被喧宾夺主的展柜衬托地渺小无力。经过我们反复研究，在精品书画柜里设计制作了一个壁龛，将柜内深度收窄并移动靠前，再利用壁龛将展柜的高度压至与旁侧的独立柜和腰线图版高度协调。这样，大精品书画柜内的壁龛压缩了展柜空间，文物与背景布局相得益彰、比例适中，也确保了展品展出环境能达到文保要求。此外，我们还在壁龛上下各加了一条灯带，消隐壁龛以外的书画柜空间，使柜内的壁龛显得更轻盈通透（图14、15）。

图14　第二单元崇敬殿精品书画柜优化

图15　第二单元崇敬殿精品书画柜优化设计图

六、小结

从上一个展览结束到本次展览开展的时间相距不到一个月，留给本次展览展厅搭建的时间只有仓促的11天。施工布展时间、展品数量与陈列方式，建筑还原所需的高清图片等都是我们必须面对的难题。齐心协力攻克这些难题时，设计师们观点的碰撞、思想的交流、对特殊情况的处理往往会迸发出灵感的火花，创造出新的、区别于其他同类别展览的新方案。

由崇敬殿的展品大都是在国内首次展出，没有以往的展出支架样式和方式可参考，且实施周期较短。因此在完成了展厅空间设计、立面设计、图版设计、照明设计，已按时间节点完成布展工作，但给我们去深究细节的时间已经不多，所以在展架展具、展品说明牌的设计上稍显粗放。此外，观众互动体验的设计考虑也不够充分，这些都是设计团队需要继续努力的方向。

不登高山，不知天之高也；不临深溪，不知地之厚也。这次展览实践中出现的不足将是今后我们前进的目标。未来我们设计团队将更敬畏每一场展览，更加精准地把控各时间、注重展览细节，更加科学地进行展览设计，精益求精地塑造展览，并且永怀求知之心，不断探索更优的工作思路和方法。

参考文献

一、古籍绘画

［清］鄂尔泰、张廷玉等 编纂，左步青 点校：《国朝宫史》，北京古籍出版社，1987年。

［清］蒋薄、梁诗正、沈德潜等 撰：《盘山志·西湖志纂》，上海古籍出版社，1993年。

中国第一历史档案馆 编：《清代皇帝御批真迹》，西苑出版社，1995年。

［清］爱新觉罗·弘历 撰：《御制圆明园图咏》，广陵书社，2003年。

［清］张若澄 绘：《张若澄画燕山八景》，故宫博物院，2004年。

［清］唐岱、沈源 著：《圆明园四十景图咏》，中国建筑工业出版社，2008年。

［清］叶衍兰、叶恭绰 编：《清代学者象传》，上海书店出版社，2014年。

［清］爱新觉罗·弘历 撰，贾全 绘：《平定台湾二十功臣像赞》，北京保利国际拍卖有限公司，2015年。

［清］张廷玉 撰，江小角、杨怀志 点校：《张廷玉全集》，安徽大学出版社，2015年。

［清］叶衍兰、叶恭绰 编，陈祖武 校补：《清代学者象传校补》，商务印书馆，2017年。

石光明 主编：《新编乾隆御制文物鉴赏诗》，国家图书馆出版社，2014年。

二、辞书地图

王效清 主编：《中国古建筑术语辞典》，文物出版社，2007年。

北京好景东方国际文化有限公司 编绘：《走进故宫》，中国地图出版社，2010年。

中国国家图书馆、测绘出版社 编：《北京古地图集》，测绘出版社，2010年。

徐苹芳 编著：《明清北京城图》，上海古籍出版社，2012年。

侯仁之 主编：《北京历史地图集：政区城市卷》，文津出版社，2013年。

侯仁之 主编：《北京历史地图集：人文社会卷》，文津出版社，2013年。

王其钧 主编：《中国园林图解词典》，机械工业出版社，2016年。

王其钧 主编：《中国建筑图解词典》，机械工业出版社，2016年。

万依 主编：《故宫辞典》（增订本），故宫出版社，2016年。

侯仁之 主编：《北京历史地图集：文化生态卷》，文津出版社，2017年。

三、藏品图录

朱家溍 主编：《两朝御览图书》，紫禁城出版社，1992年。

故宫博物院 编：《清代宫廷绘画》，文物出版社，2001年。

天津人民美术出版社 编：《中国历代仕女画集》，天津人民美术出版社，2007年。

故宫博物院古建筑管理部 编：《故宫建筑内檐装修》，故宫出版社，2007年。
于倬云 主编：《故宫建筑图典》，故宫出版社，2007年。
朱家溍 编：《故宫珍宝》，紫禁城出版社，2007年。
万依、王树卿、陆燕贞 主编：《清宫生活图典》，故宫出版社，2007年。
杨新 主编：《清宫包装图典》，紫禁城出版社，2007年。
杨新 主编：《明清肖像画》，上海科学技术出版社，2008年。
张淑贤 主编：《清宫戏曲文物》，上海科学技术出版社，2008年。
徐启宪、李文善 主编：《明清帝后宝玺》，故宫出版社，2008年。
胡德生 编著：《明清宫廷家具》，故宫出版社，2008年。
故宫博物院 编：《故宫钟表图典》，故宫出版社，2008年。
故宫博物院 编：《故宫钟表》，紫禁城出版社，2008年。
易苏昊、樊则春 编著：《五台山人藏清乾隆宫廷书画》，文物出版社，2009年。
张荣、赵丽红 主编：《文房清供》，故宫出版社，2009年。
中国国家博物馆 编：《乾隆南巡图研究》，文物出版社，2010年。
苑洪琪、刘宝建 主编：《故宫藏毯图典》，故宫出版社，2010年。
严勇、房宏俊、殷安妮 主编：《清宫服饰图典》，故宫出版社，2010年。
胡德生 主编：《故宫明式家具图典》，故宫出版社，2011年。
故宫博物院 编：《故宫漆器图典》，故宫出版社，2012年。
故宫博物院 编：《清宫盛世典籍》，故宫出版社，2012年。
何传馨 主编：《故宫藏画大系》，广西师范大学出版社，2013年。
故宫博物院 编：《故宫武备图典》，故宫出版社，2014年。
李湜 主编：《清宫鹁鸽谱》，故宫出版社，2014年。
袁杰 主编：《清宫兽谱》，故宫出版社，2014年。
李湜 主编：《清宫鸟谱》，故宫出版社，2014年。
殷安妮 主编：《清宫后妃氅衣图典》，故宫出版社，2014年。
胡德生 主编：《故宫屏风图典》，故宫出版社，2015年。
故宫博物院 编：《故宫博物院藏御制诗陶瓷器》，故宫出版社，2016年。

四 展览图录

故宫博物院 编：《清代帝后万寿庆典文物展览》，中艺（香港）有限公司，199[illegible]年。
故宫博物院、澳门艺术博物馆 编：《怀抱古今：乾隆皇帝文化生活艺术》，澳门艺术博物馆，2002年。
冯明珠 主编：《乾隆皇帝的文化大业》，台北“故宫博物院”，2002年。
承德市文物局 编：《承德避暑山庄300年特展图录：1703-2003》，中国旅游出版社，2003年。
承德市文物局 编：《清帝与避暑山庄》，中国旅游出版社，2003年。
广东省博物馆、南京博物院 编：《瓷苑珍品：南京博物院藏清代皇家御用瓷器展览图录》，岭南美术出版社，2007年。

冯明珠 主编：《天禄琳琅：乾隆御览之宝》，台北“故宫博物院”，2007年。

王耀庭 主编：《新视界：郎世宁与清宫西洋风》，台北“故宫博物院”，2007年。

故宫博物院、澳门艺术博物馆 编：《钧乐天听：故宫珍藏戏曲文物》，澳门艺术博物馆，2008年。

南京博物院、浙江省博物馆、澳门艺术博物馆 编：《像应神全：明清人物肖像画特集》，澳门艺术博物馆，2008年。

廖宝秀 主编：《华丽彩瓷：乾隆洋彩》，台北“故宫博物院”，2008年。

故宫博物院、澳门艺术博物馆 编：《朱艳增华：故宫珍藏清乾隆漆器精品》，澳门艺术博物馆，2010年。

谭怡令、刘芳如、林丽娜 主编：《满庭芳：历代花卉名品特展》，台北“故宫博物院”，2010年。

何传馨 主编：《文艺绍兴：南宋艺术与文化（书画卷）》，台北“故宫博物院”，2010年。

北京市颐和园管理处 编：《仁和万寿：乾隆诞辰三百年颐和园珍宝展》，五洲传播出版社，2011年。

伪满皇宫博物院、北京市颐和园管理处 编：《无双风月：图鉴乾隆颐和园生活》，吉林文史出版社，2012年。

余佩瑾 主编：《得佳趣：乾隆皇帝的陶瓷品味》，台北“故宫博物院”，2012年。

香港历史博物馆 编：《国采朝章：清代宫廷服饰》，香港康乐及文化事务署，2013年。

何传馨 主编：《十全乾隆：清高宗的艺术品味》，台北“故宫博物院”，2013年。

故宫博物院、首都博物馆 编：《长宜茀禄：乾隆花园的秘密》，北京出版社，2014年。

宋兆霖 主编：《护帙有道：古籍装潢特展》，台北“故宫博物院”，2014年。

山西博物院、南京博物院 编：《形妙神合：明清肖像画》，山西人民出版社，2015年。

故宫博物院 编：《普天同庆：清代万寿盛典》，故宫出版社，2015年。

何传馨 主编：《神笔丹青：郎世宁来华三百年特展》，台北“故宫博物院”，2015年。

陈玉秀 主编：《瓶盆风华：明清花器特展》，台北“故宫博物院”，2015年。

陈韵如 主编：《公主的雅集：蒙元皇室与书画鉴藏文化特展》，台北“故宫博物院”，2016年。

故宫博物院 编：《地上的天宫：故宫博物院藏清代后妃皇子文物》，故宫出版社，2016年。

成都博物馆、故宫博物院 编：《盛世天子：清高宗乾隆皇帝特展》，四川人民出版社，2016年。

浙江省博物馆 编：《盛世天子：清高宗乾隆皇帝特展》，文物出版社，2017年。

故宫博物院、首都博物馆 编：《走进养心殿》，北京燕山出版社，2017年。

南京博物院 编：《走进养心殿：大清的家国天下》，译林出版社，2017年。

香港历史博物馆 编：《万寿载德：清宫帝后诞辰庆典》，香港康乐及文化事务署，2017年。

余佩瑾 主编：《品牌的故事：乾隆皇帝的文物收藏与包装艺术》，台北“故宫博物院”，2017年。

林莉娜 主编：《百卉清供：瓶花与盆景画特展》，台北“故宫博物院”，2018年。

邱士华、林丽江、赖毓芝 主编：《伪好物：16至18世纪苏州片及其影响》，台北“故宫博物院”，2018年。

山东博物馆 编：《中正仁和：走进养心殿》，浙江人民美术出版社，2018年。

故宫博物院 编：《域外神工：故宫博物院藏痕都斯坦玉器》，故宫出版社，2018年。

雅典卫城博物馆、故宫博物院 编：《重文德之光华：重华宫原状文物展》，雅典卫城博物馆，2018年。

五、研究著作

梁思成 著：《清式营造则例》，中国建筑工业出版社，1981年。

李湜 著：《乾隆皇帝肖像画》，紫禁城出版社，2001年。

王立平、张斌翀 著：《避暑山庄春秋》，河北教育出版社，2002年。

支运亭 著：《清代皇宫礼俗》，辽宁民族出版社，2003年。

高大伟 著：《颐和园建筑彩画艺术》，天津大学出版社，2005年。

向斯 著：《中国宫廷御览图书》，紫禁城出版社，2005年。

赵广超 著：《大紫禁城：王者的轴线》，紫禁城出版社，2008年。

戴逸 著：《乾隆帝及其时代》，中国人民大学出版社，2008年。

王子林 著：《紫禁城原状与原创》，紫禁城出版社，2007年。

阎崇年 著：《清朝十二帝》，故宫出版社，2010年。

常建华 著：《乾隆事典》，紫禁城出版社，2010年。

何奕恺 著：《清代学者象传研究》，上海古籍出版社，2010年。

王子林 著：《明清皇宫陈设》，紫禁城出版社，2011年。

李文君 著：《紫禁城八百楹联匾额通解》，故宫出版社，2011年。

王子林 著：《在乾隆的星空下：乾隆皇帝的精神境界》，紫禁城出版社，2011年。

张德泽 著：《清代国家机关考略》，故宫出版社，2012年。

刘伟 著：《帝王与宫廷瓷器》，紫禁城出版社，2012年。

杨连启 著：《清万寿庆典戏曲档案考》，中国戏剧出版社，2013年。

郭福祥 著：《时间的历史映像》，故宫出版社，2013年。

翁连溪 著：《清代内府刻书研究》，故宫出版社，2013年。

杨宝生 著：《颐和园长廊苏式彩画》，中国建筑工业出版社，2013年。

扬之水 著：《乾隆趣味：宁寿宫花园玉粹轩明间西壁通景画的解读》，故宫出版社，2014年。

万秀锋、刘宝建、王慧、付超 著：《清代贡茶研究》，故宫出版社，2014年。

王镜轮 著：《紫禁城全景实录》，故宫出版社，2014年。

王佩环 著：《清代后妃宫廷生活》，故宫出版社，2014年。

向斯 著：《皇帝的生活智慧》，故宫出版社，2015年。

赵广超 著：《紫禁城100》，故宫出版社，2015年。

李湜 主编：《故宫博物院藏清宫戏画研究》，故宫出版社，2018年。

六、其他图书

于倬云、朱诚如 主编：《中国紫禁城学会论文集》（第三辑），紫禁城出版社，2004年。

故宫博物院、国家清史编纂委员会 编：《故宫博物院八十华诞暨国际清史学术研讨会论文集》，紫禁城出版社，2006年。

清代宫史研究会 编：《清代宫史探析》，紫禁城出版社，2007年。

北京市香山公园管理处 编：《香山静宜园》，北京市香山公园管理处，2008年。

故宫博物院 编：《明清宫廷史学术研讨会论文集》（第一辑），紫禁城出版社，2011年。

清代宫廷史研究会，文化部恭王府管理中心 编：《清宫史研究（第十一辑）：第十一届清宫史研讨会论文集》，文化艺术出版社，2013年。

北京市海淀区文化发展促进中心 编：《三山五园揽胜》，中国画报出版社，2013年。

何瑜 主编：《清代三山五园史事编年（顺治—乾隆）》，中国大百科全书出版社，2014年。

何瑜 主编：《清代三山五园史事编年（嘉庆—宣统）》，中国大百科全书出版社，2015年。

故宫博物院、故宫学研究所 编：《故宫博物院90年暨万寿盛典学术研讨会论文集》，故宫学研究所，2015年。

故宫博物院 编：《清风雅韵：清代宫廷戏曲学术研讨会论文集》，故宫出版社，2015年。

澳门艺术博物馆 编：《像应神全：明清人物肖像画学术研讨会论文集》，故宫出版社，2015年。

《紫禁城》杂志编辑部 编：《宫里过大年》，故宫出版社，2017年。

空间与陈设编辑室 编：《宫・工艺美术与文人趣味》，故宫出版社，2017年。

空间与陈设编辑室 编：《宫・皇帝的书房》，故宫出版社，2018年。

李湜 主编：《故宫藏戏曲人物涂色本》，故宫出版社，2018年。

《紫禁城》杂志编辑部 编：《皇帝大婚》，故宫出版社，2018年。

《紫禁城》杂志编辑部 编：《皇帝过生日》，故宫出版社，2018年。

《紫禁城》杂志编辑部 编：《宫里过中秋》，故宫出版社，2018年。

《紫禁城》杂志编辑部 编：《宫里过端午》，故宫出版社，2018年。

《紫禁城》杂志编辑部 编：《皇帝怎么吃》，故宫出版社，2019年。

《紫禁城》杂志编辑部 编：《皇帝怎么玩》，故宫出版社，2019年。

七、期刊论文

禾云：《重华宫紫檀雕花隔扇》，《紫禁城》1993年第3期。

王玲：《清代宫廷茶事》，《紫禁城》1993年第5期。

聂崇正：《记四幅清宫后妃油画像》，《文物》1996年第6期。

苑洪琪：《清代宫廷节日宴（一）》，《肉品卫生》2000年第7期。

苑洪琪：《清代宫廷节日宴（二）》，《肉品卫生》2000年第8期。

苑洪琪：《清代宫廷节日宴（三）》，《肉品卫生》2000年第9期。

苑洪琪：《清代宫廷节日宴（四）》，《肉品卫生》2000年第10期。

梅雪：《清代重华宫沿革及翠云馆装修年代考》，《故宫博物院院刊》2001年第4期。

刘畅：《清代宫廷和苑囿中的室内戏台述略》，《故宫博物院院刊》2003年第2期。

王子林：《〈乾元君子体为仁：乾隆的长春书屋用意深长〉》，《历史月刊》2004年第7期。

董健丽：《清宫茶具及茶礼》，《文物世界》2004年第2期。

王子林：《梅报春信——长春书屋》，《紫禁城》2006年第2期。

王子林：《清太子宫》，《紫禁城》2006年Z1期。

刘潞：《乾隆皇帝与紫禁城宫殿》，《紫禁城》2008年第10期。

王子林：《清宫佛堂中的西方极乐世界道场》，《法源》2008年总第26期。

刘迪：《乾隆书斋“随安室”考》，《沈阳故宫博物院院刊》（第七辑），中华书局，2009年，第22–25页。

赵雯雯、刘畅、蒋张：《漱芳斋》，《紫禁城》2009年第5期。

宫浩钦、周岚：《清代宫廷朝寝空间室内陈设的设计社会学解读》，《创意与设计》2011年第1期。

向斯、林京、胡元骏：《乾隆创设三清茶宴考》，《东方养生》2011年第2期。

向斯：《清代的三清茶宴》，《茶·健康天地》2011年第10期。

高晓然：《清宫茶宴与茶具》，《收藏界》2014年第1期。

陆蓓容：《〈虚斋名画录〉里的清宫旧藏——清代书画鉴藏史管窥》，《新美术》2015年第5期。

林姝：《万岁千秋奉寿康——“寿康宫原状与崇庆皇太后专题展”纪略》，《艺术品》2015年第12期。

万红：《乾隆朝“新正茶宴”考释》，《满语研究》2016年第2期。

王爱东：《故宫重华宫藏原状陈列瓷器赏析》，《南方文物》2016年第4期。

王爱东：《清乾隆皇帝与重华宫》，《中国文化遗产》2016年第6期。

张淑娴：《清代皇宫室内戏台场景布局探微》，《中华戏曲》2016年第1期。

高希：《重华宫：乾隆皇帝的梦家园》，《月读》2017年第1期。

吴雪杉：《重华宫赐画：兼论古画中乾隆“五玺”全而〈石渠宝笈〉未著录的现象》，《故宫博物院院刊》2017年第1期。

苑洪琪：《漫谈清代宫廷过年》，《紫禁城》2017年第1期。

刘铁：《清宫元旦承应戏〈喜朝五位〉〈岁发四时〉考论》，《党政干部学刊》2017年第3期。

王子林：《三座宫殿与乾隆的敬胜坚守》，《中国纪检监察》2018年第2期。

薛晓金：《清宫元旦节戏研究》，《四川戏剧》2018年第5期。

王爱东、邓晨钰：《漱芳斋溯源：乾隆初期的建置、装修与陈设》，《紫禁城》2018年第7期。

马黎：《“凤舞紫禁：清代皇后的艺术与生活”在美国开展——这个展览就是博物馆版〈如懿传〉》，《文化交流》2018年第11期。

王子林：《青宫养德 同甘共辛：见证乾隆皇帝与富察氏感情生活的一对大柜》，《紫禁城》2018年第12期。

春礼：《论重华宫升宫悬挂匾额及使用功能的演化》，《满学论丛》（第八辑），辽宁民族出版社，2018年，第141–156页。

王子林：《康雍乾三朝太[illegible]宫的建筑[illegible]》，《紫禁城》2019年第9期。

张介鸣：《潜龙邸里的“金枝玉叶”》，《收藏》2019第6期。

八、外文图书

故宫博物院、便利堂编辑部 编：《紫禁城の至宝：北京故宫博物院展》，東京ルネッサンス推進委員会，1992年。

瀧本弘之 著：《清朝北京都市大図典：康熙六旬萬壽盛典圖與乾隆八旬萬壽盛典圖》，遊子館，1998年。

東京國立博物館、故宮博物院 编：《北京故宮博物院200選（日中國交正常化40周年、東京國立博物館140周年特別展）》，東京國立博物館，2012年。

Chou, Ju-his & Claudia Brown eds., *The Elegant Brush: Chinese Painting under the Qianlong Emperor, 1735-1795*, Phoenix Art Museum, 1985.

Hong Kong Museum of Art ed., *The Elegant Brush: Chinese Painting under the Qianlong Emperor, 1735-1795*, Hong Kong: Urban Council, 1986

Robert L. Thorp ed., *Son of Heaven: Imperial Arts of China*, Son of Heaven Press, 1988.

E & J Frankel Ltd.ed., *Hold Everything: Treasure Boxes in the Qianlong Manner*, Magnum (Offset) Printing Company, 1996

Nancy Berliner and others eds., *The Emperor's Private Paradise: Treasures from the Forbidden City*, Peabody Essex Museum in association with Yale University Press, 2010.

Daisy Yiyou Wang, Jan Stuart and Lin Shu eds., *Empresses of China's Forbidden City, 1644~1912*, Yale University Press, 2018.

（杜　康　　王苒瀅）

后记

“走进重华宫”特展于2019年10月1日在成都博物馆一层特展厅隆重举行。本次特展是成都博物馆联合故宫博物院，在新中国成立70周年到来之际，为广大观众献上的一场文化盛宴。

作为世界文化遗产明清故宫的有机组成部分，重华宫近百年都未曾对公众开放。本次展览以不可移动文物为出发点，通过广泛查阅古籍文献，将可移动文物融入其中，全面展示重华宫的基本风貌及其蕴含的优秀文化和思想精髓，实现了习近平总书记“系统梳理传统文化资源，让收藏在禁宫里的文物、陈列在广阔大地上的遗产、书写在古籍里的文字都活起来”的指示。该展使广大观众了解到这座尘封已久的皇家建筑，也让这座古老宫殿在新时代焕发出其文化魅力。

“重华宫”这个主题以往未曾在国内进行展示。为创造一个良好开端，成都博物馆与故宫博物院从2019年2月就开始紧张有序的筹备。故宫博物院负责本次展览的主题范围、文物信息、藏品调集、图片提供等事务。成都博物馆负责本次展览的具体内容、形式设计、展场施工、文物运输、宣传讲解、图录出版和运行管理等事务。在展览立项与形式设计过程中，陈世松、樊一、孙凯、谭平、王方、周静、代丽鹏等专家给予了诸多积极建议。在展览的具体内容上，故宫博物院的王子林、阮卫萍、张淑娴、李湜、王光尧等专家给予大量指导和意见，保证了展览在学术上的合理性和准确度。故宫博物院筹备人员亲临展厅现场指导布展工作，甚至亲手操作和调整，以求充分表现文物，达到最好的展示效果。在此，对参与本次特展筹备的专家和全力以赴、不辞辛劳的工作人员致以衷心的感谢！

为扩大本次展览的社会效益，充分发挥博物馆展示艺术精品、促进学术研究、传播优秀文化的职能，我们编著出版本书。其主体图录部分由五章构成，收录了本次展览的全部文物展品和多数版面图文。书中除个别地图由成都博物馆邀请专业人员绘制外，其余图片均由故宫博物院授权在本书中使用。

由于时间仓促，所涉内容专业性强，本书难免存在一些疏漏和不当之处，敬请方家批评指正。

成都博物馆

2019年11月